O GRITO DE MORDECAI

ROBERT STEARNS

O GRITO DE MORDECAI

ROBERT STEARNS

PREFÁCIO POR
MIKE BICKLE

Todos os direitos deste livro são reservados pela Editora Quatro Ventos.

Editora Quatro Ventos
Rua Liberato Carvalho Leite, 86
(11) 3746-8984
(11) 3746-9700

Proibida a reprodução por quaisquer meios, salvo em breves citações, com indicação da fonte.

Todas as citações bíblicas e de terceiros foram adaptadas segundo o Acordo Ortográfico da Língua Portuguesa, assinado em 1990, em vigor desde janeiro de 2009.

Editor Responsável: Renan Menezes
Tradutor: Destiny Image Publishers
Equipe Editorial: Bárbara Odria
Diagramação: Vivian de Luna
Coordenação de projeto gráfico: Big Wave Media
Design da Capa: Giovanni Lanigra

Todas as citações bíblicas foram extraídas da Almeida Corrigida Fiel, salvo indicação em contrário.

Bíblia Sagrada. Traduzida em português por João Ferreira de Almeida, na versão Corrigida Fiel. Citações extraídas do site: https://www.bibliaonline.com.br/acf. Acesso de 1 a 25 de março.

1º Edição: Março 2019

Ficha catalográfica elaborada pela bibliotecária Geyse Maria Almeida Costa de Carvalho CRB 11/973

Stearns, Robert.
S799g

O grito de Mordecai: chamados para um tempo como este / Robert Stearns. – São Paulo: Quatro ventos, 2019. 240 p
ISBN: 978-85-54167-12-7
Título original: The Cry of Mordecai
Tradutor: Destiny Image Publishers

1. Religião. 2. Ensinamentos Cristãos. 3. Desenvolvimento pessoal.
4. Desenvolvimento espiritual. I. Destiny Image Publishers. II. Título.

CDD: 200
CDU: 2-42

SUMÁRIO

CAP 1   Uma Vida Faz Toda a Diferença 19
CAP 2   Três Empecilhos 35
CAP 3   O Perigo da Distração 49
CAP 4   A Malignidade da Negação 65
CAP 5   O Clamor de Mordecai 83
CAP 6   A Transformação de Ester 101
CAP 7   Rompimento 1 - Reconhecer a Realidade ... 117
CAP 8   Rompimento 2 - Clamar 139
CAP 9   Rompimento 3 - Convicção e Determinação 159
CAP 10 Rompimento 4 - Coragem 177
CAP 11 Rompimento 5 - Estratégia Divina 197
CAP 12 Tornando-se uma geração de Ester 215
Um Chamado à Ação 233

AGRADECIMENTOS

Escrever é um grande prazer para mim. Eu avalio animadamente os vários matizes de significado que as palavras possuem e me atraco com a inspiração, palavras-chave, dicionários e xícaras de café para tentar transmitir algo realmente digno de seu tempo. Se você considera esse livro digno de distinção, por favor, lance na conta daqueles a quem eu devo gratidão:

Primeiramente, minha querida avó, "Sra. Ronnie" – a luz da minha vida. Este livro (e eu) não existiria, não fosse por suas orações fiéis. "Obrigado" não é o suficiente.

Steve e Veronica Jenkens, Paul e Sue Ten Eyck, parceiros meus na liderança na Comunidade Eagle's Wings, que são heróis que vivem diligentemente para a obra de Deus e são fiéis em apoiar-me nesta visão. Sou honrado por estar em aliança com eles.

Toda a equipe do *Eagle's Wings*, que me perdoará por não mencionar o nome de cada um, é uma fonte fundamental de inspiração e de alegria para mim diariamente. Sei que serei considerado parcial, mas sem dúvida eles são as melhores pessoas desta terra.

Especificamente, Sarah Wolf e Aaron Derstine são muito dignos de receber os créditos por este livro, por seu trabalho de pesquisa, assistência na redação e perícia na editoração. Eu aprecio profundamente a integridade de suas vidas e sua dedicação ao Reino de Deus.

Pastor Chuck Smith, da Igreja Metodista Unida de Clarence Center, que providenciou um lugar tranquilo, ungido pela oração, a fim de que pudéssemos trabalhar. Por essa causa lhe somos gratos.

Quero agradecer aos meus queridos amigos, Gilad Erdan e Ehud Danoch, que são, eu creio, os Mordecais na Casa de Israel nesse momento da história. Que Israel ouça corajosamente suas palavras de liderança e se torne a Ester que foram chamados para ser.

Destiny Image, liderada pela tribo de Nori, com quem tem sido um prazer trabalhar. Eu aprecio sua integridade e dedicação à obra do Reino.

Editora Quatro Ventos, obrigado por levar esta mensagem para um público totalmente novo.

ENDOSSOS

Dr. Myles Monroe
Presidente do Bahamas Faith Ministries - Nassau, Bahamas

Experimentamos uma tremenda necessidade de líderes que despertem o potencial de transformação e o poderoso chamado que Deus depositou nesta geração. Em *O Grito de Mordecai*, Robert Stearns emitiu um excitante chamado àqueles que se levantarão com ousada convicção como Esters no mundo de hoje. Recomendo enfaticamente esse livro tão oportuno e motivacional.

Bispo Harry R. Jackson Jr.
Pastor Sênior da Igreja Hope Christianity, além de Fundador e Presidente da Coalizão de Lideranças High Impact

O Grito de Mordecai capturou a essência do coração de Deus para cada cristão, além de confrontar nossas escusas e nos mostrar como ressuscitar nosso propósito na Terra. Faça das páginas deste livro sua oração e sua aspiração por grandes realizações.

Dr. Mac Pier
Presidente do Centro de Liderança NYC, e Fundador dos Grandes Concertos de Oração de Nova York

Robert Stearns é um líder extremamente talentoso no Corpo de Cristo, e que encarna a mensagem deste livro. Ele, como poucos no mundo, interage com líderes de ambas as comunidades: judaica e cristã. E por isso, é a pessoa mais qualificada para escrever e ensinar essa mensagem relativa a Mordecai. Este é um livro muito oportuno para o atual clima mundial.

Robert Morris
Pastor Sênior da Igreja Gateway Southlake – Texas

Em *O Grito de Mordecai*, Robert Stearns, convicta e conclusivamente, mostra-nos pelas Escrituras que, se Deus pode usar Ester, Ele pode nos usar. Este livro deve ser lido por todos aqueles que desejam cumprir o destino de Deus para suas vidas.

Dr. Jerry Gillis
Pastor e Líder da Chapel em CrossPoint

Robert Stearns ecoa a voz milenar de Mordecai em nosso tempo presente – uma voz que chama a Igreja a não buscar sua segurança e conforto nas armadilhas da nossa cultura. Minha oração é para que você encontre o despertamento, a coragem e o revestimento de poder que

Ester encontrou, para que isso seja uma realidade em sua busca por nosso Grande Deus.

Dr. Paul Cedar
Presidente da Missão América Coalition

Meu amigo Robert Stearns oferece revelações fantásticas e subsequentes aplicações do livro de Ester de um modo que poucos são capazes de fazer. Alegremente, recomendo Robert e este livro admirável a você.

Bispo Jim Bolin
Pastor Sênior da Trinity Chapel Church of God

O Grito de Mordecai apresenta-se como um mapa para os dias modernos que levará a Igreja a se levantar e cumprir sua incumbência. Este é um livro que precisa ser lido com empenho pelo Corpo de Cristo, se quisermos ser bem-sucedidos ao navegarmos nas águas turbulentas do século XXI.

Rabino Shlomo Riskin
Fundador do Ohr Torah Stone Institutions e Rabino em Efrata, Israel.

O Reverendo Robert Stearns escreveu um livro fascinante sobre o Pergaminho de Ester, o qual recomendo fortemente. Aliás, o Reverendo Stearns é uma voz que lidera o movimento evangélico cristão, mas também tem demonstrado sua significativa relevância para a situação política de Israel na atualidade.

PREFÁCIO

De vez em quando surge um livro, uma canção ou uma mensagem que capta parte do coração de Deus para o momento e dá voz aos pensamentos e propósitos que estão sendo despertados em uma geração. Acredito que *O Grito de Mordecai*, de Robert Stearns, é um livro que carrega uma mensagem desse tipo.

Há um clamor, como o de João Batista, emergindo em toda a Igreja hoje, despertando o povo de Deus. Eu chamo isso de espírito precursor. Aqueles que percebem a iminência do retorno do Noivo estão sendo motivados como nunca antes, por uma compulsão interior, para preparar seus corações e a casa de Deus para o breve retorno do Messias.

Robert Stearns é uma dessas vozes que está mobilizando as nações para os propósitos do Senhor nesta hora. Através de sua música, de seu ensino, das conferências *Eagle's Wings*, e, agora, deste livro oportuno, Robert é um catalisador para colocar o Corpo de Cristo em ação, liberando o poder do Espírito Santo nesta geração.

Ao identificar temas estratégicos da vida de Ester, que transcendem barreiras denominacionais ou culturais, Robert Stearns traz neste livro uma mensagem que despertará corações para a urgência do momento, encherá as almas com determinação e acenderá espíritos com uma nova paixão pelo Senhor e por aquilo que está em Seu coração. Alguns também serão chamados para serem vigias para Israel e as nações, como "filhos de Issacar", com discernimento adequado dos tempos e das estações nas quais temos o privilégio de viver.

Encorajo aqueles cujo coração queima por trazer a palavra do Senhor de maneira atual para esta geração a lerem este livro e usá-lo como ferramenta do Senhor em suas vidas. Permita que esta mensagem se torne uma inspiração para uma ação corajosa e uma devoção sincera.

Mike Bickle
International House of Prayer
Kansas City, Missouri

CAPÍTULO 1
UMA VIDA FAZ TODA A DIFERENÇA

Uma vida inútil é o mesmo que morrer prematuramente.
Johann Wolfgang Von Goeth

É maravilhoso saber que ninguém necessita esperar um momento especial para começar a melhorar o mundo.
Anne Frank

Os jornais dizem que Benazir Bhutto acaba de ser assassinada". Desligo o telefone e corro imediatamente para a televisão. Enquanto isso, passava em minha mente *flashes* de lembranças recentes de estar assentado com a Sra. Bhutto, a ex-primeira ministra do Paquistão, no Palácio presidencial em Kiev, Ucrânia. Ambos éramos palestrantes na Conferência inaugural pela Paz e Tolerância. Eu fui privilegiado por participar de duas refeições particulares com ela e tivemos ainda várias outras oportunidades de conversar durante os três dias da conferência, oito meses antes do seu assassinato em 2007.

Eu e o resto do mundo havíamos assistido naquela época, por várias semanas, como ela retornara triunfantemente ao Paquistão e as suas confrontações contra o sistema governamental, exigindo eleições justas e democráticas. Agora, ao assistir à cobertura dos jornais sobre a sua morte, eu me sentia como se tudo aquilo fosse surreal.

Segundo Benazir Bhutto, sua pátria, o Paquistão, vivia em constantes tumultos e perturbação "aparentemente indefinida". Seu pai, irmão e um tio foram assassinados. Quando nos encontramos em maio de 2007, ela ainda vivia no exílio político, dividindo seu tempo entre a Inglaterra (onde o filho Bilawal estudava em Oxford) e Dubai, nos Emirados Árabes, de onde ela negociava seu retorno político ao Paquistão.

Ela era uma mulher forte, completamente dedicada à sua causa. Convicta de que o destino de seu povo dependia das decisões que ela tomasse ou deixasse de tomar, ela optou por deixar a vida confortável no ocidente – onde poderia dar palestras e escrever livros sobre sua experiência como a primeira e única mulher eleita para ocupar o cargo de Primeira Ministra de uma nação islâmica – e retornar a sua terra natal para cumprir o que ela acreditava ser o seu destino. Ao fazê-lo, estava consciente de que a morte seria uma possibilidade iminente e bastante provável.

Benazir Bhutto foi uma mulher, uma esposa, uma mãe, uma líder, que optou por lutar contra as forças do radicalismo e do extremismo que permeiam o Islã e escolheu ouvir outro chamado e assumir os riscos de sua decisão.

Não é difícil tecer comparações entre Benazir Bhutto e a personagem bíblica Ester, rainha da Pérsia. Ambas são mulheres talentosas, inteligentes e atraentes que se encontravam em uma posição política de proeminência e de altíssima influência em um momento histórico em que muita coisa estava em jogo. À semelhança de Benazir, Ester foi uma mulher que tomou uma posição a favor de seu povo. Suas corajosas atitudes salvaram a nação de Israel da extinção. Essas duas mulheres possuíam outras opções na vida, mas escolheram viver por um bem maior.

Nos últimos anos, tenho estado completamente atraído pela história de Ester, que em seu dia-a-dia era uma garota como qualquer outra, que não tinha nada (a não ser sua beleza) que fosse relevante. Não havia nela qualidades que pudessem projetá-la ao estrelato, ou a algum envolvimento político, ou à liderança da nação. Ela era uma pessoa mediana que se achou em um momento histórico de transformação. Ela descobriu, pela voz persistente de seu tio Mordecai, que os acontecimentos em sua vida, os quais a levaram ao palácio em um momento crítico da história, não eram obra do ocaso. Ester havia sido posicionada ali por uma mão invisível, para um propósito até então desconhecido.

Homens e mulheres, ao longo da história, têm escolhido fazer a diferença em seu mundo: seja para o bem, seja para o mal. Alguma vez você já parou para pensar que os eventos históricos monumentais estão ligados a nomes, rostos e eventos da vida de pessoas de carne e osso, oriundas de lugares comuns? Ninguém pode contar a seus filhos a história da Revolução Americana sem mencionar o nome de Paul Revere[1]. É impossível recordar os eventos do dia 11 de setembro de 2001, sem se lembrar das fotos dos passaportes dos dezenove sequestradores que lançaram os aviões contra as torres gêmeas naquela manhã de terça-feira, na cidade de Nova York. A vida de um indivíduo é muito importante. A escolha de uma pessoa pode fazer toda diferença. As escolhas que fazemos todos os dias sobre como usaremos o dom da vida que recebemos provoca um impacto muito maior do que imaginamos. Para melhor ou para pior, a história é realmente mudada em consequência de escolhas feitas por pessoas comuns – mães, pais, trabalhadores, professores, avós –, de usar os recursos que lhes foram dados para provocar mudanças no mundo à sua volta. As portas da história dependem de decisões extraordinárias tomadas por pessoas comuns.

---

[1]Revere é recordado como um dos patriotas da guerra da independência dos Estados Unidos.

ABRINDO A PORTA

Não é uma tarefa difícil provar como a história muda para melhor ou para pior, quando pessoas comuns tomam decisões que desencadeiam os acontecimentos. Por quanto tempo ainda a escravidão haveria de ser tolerada se Willian Wilberforce (1759-1853) não tivesse vencido sua batalha de vinte anos para pôr fim ao comércio de escravos na Inglaterra? O filme "*Amazing Grace*", de 2007, é um tributo à sua fé cristã, que impulsionou sua paixão pela reforma social. Wilberforce pleiteou com determinação por dezoito anos e, a despeito das constantes críticas de seus colegas de parlamento, ele pressionou insistentemente por propostas contra a escravidão até garantir a vitória.

Todos nós consideramos o Dr. Martin Luther King Jr. como um eminente líder profético do movimento dos direitos civis. Um orador poderoso e bem instruído, ele teve o carisma para liderar provavelmente o maior movimento de justiça social na história da nação americana. Mas não se esqueça de que é Rosa Parks (1913 – 2005) que é reconhecida nacionalmente como a "mãe do movimento dos direitos civis dos dias modernos" nos Estados Unidos. Filha de um carpinteiro e de uma professora, Rosa cresceu e também se tornou professora, casada com Reymond Parks, um barbeiro. Juntos, eles trabalharam por trás das cenas através de organizações para alcançar melhores condições de vida para seu povo. Sua recusa em dar seu assento no ônibus para uma mulher branca em Montgomery, no estado do Alabama, em 1955, desencadeou uma onda de protestos que reverberaram por todo o país. O ato simples e corajoso de uma professora primária mudou a América, mudou seu conceito a respeito dos cidadãos afro-americanos e redirecionou o curso dos acontecimentos mundiais.

Após observar da janela de sua sala de aula as condições de vida lá fora, Madre Tereza (1910 – 1997) deixou a escola do convento onde lhe haviam ensinado a devotar sua vida para trabalhar entre os pobres das favelas de Calcutá. Dependendo apenas da "Providência Divina", ela abriu uma escola ao ar livre para crianças carentes. De origem humilde, Agnes Gonxha Bojaxhiu (nome de batismo de Madre Teresa) dedicou cada pensamento, desejo e suspiro a ajudar os pobres. Ela fundou a Sociedade das Missionárias, que se espalhou pelo mundo, inclusive na ex União Soviética e nos países do leste europeu, provendo assistência às famílias necessitadas na Ásia, África e América Latina. A ordem religiosa fundada por essa mulher de fé atualmente presta serviços de apoio em locais atingidos por catástrofes naturais, tais como enchentes, epidemias e fome. A ordem possui propriedades na América do Norte, Europa e Austrália, onde atende aos excluídos, alcoólatras, sem teto e vítimas da Aids.

O poder de fazer escolhas que impactam o rumo da história não se aplica apenas às pessoas comprometidas com as causas justas, mas também àquelas que estão à frente de propósitos iníquos. A tendência natural da humanidade, quando não é transformada pelo poder da Verdade, é cobiçar o poder e a autossatisfação. Vários indivíduos na história (alguns pertencem aos nossos dias) sucumbem às inclinações malignas de suas almas e se deixam levar por tais tendências, desencadeando transformações no mundo.

Nos anos setenta, Pol Pot (1928 – 1998) e seu partido denominado Khmer Rouge, um clássico exemplo do impressionante mal que a natureza humana é capaz de causar, matou mais de um milhão de cambojanos "para criar uma sociedade agrária". Ao longo do processo, ele esmagou instituições sociais, tais como bancárias e religiosas, a fim de atingir seus propósitos.

Na África, o genocídio e as guerras tribais resultaram em milhões de mortos em apenas algumas décadas nas mãos de uns poucos líderes corruptos. Em 1994, o Primeiro Ministro de Ruanda, Jean Kambanda – sentenciado à prisão perpétua por seus crimes – sancionou o massacre de mais de 500.000 homens, mulheres e crianças de um grupo minoritário, durante um período de apenas três meses. Esse trágico derramamento de sangue é comparado ao que ocorreu no governo de Idi Amin em Uganda, em 1970, que resultou no chocante número de pelo menos 100.000 ugandenses assassinados – mais uma vez, em grande parte, devido às atitudes de um único indivíduo determinado[2].

---

[2]Notas históricas de Uganda

Em 1973, Jane Roe lutou a favor da legalização do aborto e saiu vencedora na decisão da corte. Desde então, mais de cinquenta e cinco milhões de crianças foram impedidas de nascer e existir no mundo a cada ano. A decisão de uma corte (instigada pela atitude de uma única mulher) mudou o destino e a face de várias gerações que teriam a possibilidade de criar a cura do câncer, produzir obras de arte e literatura, descobrir fontes de energia autossustentável e conduzir o progresso da população ao nível de nação livre. Hoje, Jane tem um posicionamento contrário àquela época, é uma mulher cristã, uma líder apaixonada e uma voz para o movimento pró-vida. Porém, sua decisão passada continua afetando o nascimento de gerações.

E, tragicamente, horrendamente, fazendo eco à história de Ester, chegamos ao "Hamã" de uma geração do passado: Adolf Hitler. Em 1933, a população de judeus na Europa era de mais de nove milhões. Por volta de 1945, dois ou mais de cada três judeus haviam sido mortos em consequência do ódio patológico de um político que não foi contido. Um único indivíduo tentou promover sistematicamente a erradicação de todo um grupo étnico e, por toda uma década, seres humanos racionais obedeceram às suas ordens.

O LEGADO DA DESTRUIÇÃO DE HAMÃ

No país da Pérsia, terra de Hamã, há vinte e cinco séculos atrás, tudo parecia bem para o povo judeu. Apesar de viverem no exílio, estavam relativamente seguros e assimilados dentro do que aparentemente era uma vida confortável para eles. Não obstante ainda serem considerados estrangeiros, alguns deles, como Mordecai, buscaram posições proeminentes na nação. Contudo, debaixo desse tênue véu de paz, uma trama maligna inflamava o coração de um homem que se tornara alto oficial sob a autoridade do rei da Pérsia.

Hamã foi um indivíduo que se lançou no projeto de destruição do povo judeu. De acordo com os registros do livro de Ester, Hamã aproximou-se do rei e fez a seguinte declaração sobre os judeus: "Existe certo povo... faça um decreto para que eles sejam destruídos..." (Ester 3.8-9). Esse propósito maligno cresceu dentro dele, ganhou força (e eventualmente aceitação governamental) e parecia infalível – até a inesperada intervenção de uma jovem e inexperiente rainha chamada Ester e de seu tio tutor frustrar os planos de Hamã, o qual foi executado em sua própria armadilha.

Nas primeiras décadas do século XX, os judeus na Alemanha, semelhantemente aos judeus em Susã, desfrutavam de segurança sem precedentes e de plena prosperidade, como membros da sociedade germânica. Completamente inseridos na vida da nação, eles desfrutavam grande sucesso nas diversas áreas de atividade social – desde a política até as artes plásticas – foi o que se denominou a "Era de ouro" dos bairros judeus na Europa.

Os judeus ocuparam altas posições no governo e ainda fizeram significativas contribuições culturais. Os judeus estavam tão envolvidos com a nação alemã, que chegaram a ser 100.000 dos soldados da força armada da Alemanha na Primeira Guerra Mundial, em que aproximadamente 12.000 judeus perderam suas vidas lutando pelo país[3].

Nos anos que se seguiram à Primeira Guerra Mundial, quando a Alemanha entrou na fase de reconstrução nacional, a vida se mostrava boa, confortável e segura para os judeus alemães. Mas, mais uma vez, sob o que parecia ser a circunstância ideal, uma trama maligna inflamava o coração de um indivíduo – Hitler. Lentamente, insidiosamente, inacreditavelmente, o vírus do ódio em sua alma tornou-se infeccioso e espalhou-se por toda civilizada e culta Alemanha.

Cartazes ridicularizando e zombando do povo judeu tornaram-se comuns por toda parte, enquanto a máquina de propaganda de Hitler ensinava que os judeus eram uma raça inferior – os descendentes dos macacos e micos. Uma aliança maligna entre vários setores da sociedade começou a se formar, enquanto Hitler construía seu plano para levar a cabo a erradicação dos judeus europeus.

---

[3]Martin Gilbert: Os judeus no século vinte. (New York: Schocken Books, 2001), 71.

Entre os alemães, algumas poucas vozes corajosas, entre elas a de Dietrich Bonhoeffer e a Sociedade Rosa Branca, levantaram-se como alarme, avisando a Igreja e a sociedade de todas as consequências nefastas decorrentes da política de Hitler, caso ele não fosse confrontado, e as pessoas de bem não fizessem nada para detê-lo. Mas essas vozes eram poucas e dispersas. Hitler finalmente foi derrotado, mas a um custo tão hediondo que deixa a mente aturdida. Seis milhões de judeus foram mortos na refinada e bem-educada Alemanha, tão recentemente que ainda há, entre nós, neste exato momento, vários judeus que sobreviveram a esses horríveis acontecimentos.

Atualmente, somente uma geração depois, as forças radicais, dentro do Islã, estão proclamando nada menos que a destruição de Israel, dos Estados Unidos e da civilização ocidental como é conhecida. O presidente do Irã tem feito diversas ameaças alarmantes nos anos recentes, tais como: "As rixas na terra ocupada (Israel) são parte de uma guerra do destino... É como disse o Imam: Israel precisa ser varrido do mapa"[4]. Em todo o mundo, um bem elaborado radicalismo está crescendo entre os países de cultura islâmica, incentivando incontáveis jovens a atar bombas em seus corpos e explodi-las, transformando-se em homens-bomba.

---

[4] "Ahmadinejad quotes" (Citações de Ahmadinejad).

Sob a próspera e blindada América Ocidental e a cultura europeia, uma voz em alto e crescente volume aterroriza mais uma vez. Desta vez, no entanto, os alvos não são apenas os judeus, mas também os seguidores de Cristo. Esse chamado religioso radical pela morte e destruição surge ao mesmo tempo em que o crescente secularismo e materialismo estão entorpecendo a alma das pessoas, não nos deixando perceber o perigo iminente e sutil que se aproxima ameaçadoramente.

Da mesma forma que Winston Churchill tomou posição contra Hitler, Ester se posicionou contra Hamã com convicção e ousadia. Churchill se manteve virtualmente sozinho contra o fascismo e renovou a fé na superioridade da democracia. Ester enfrentou sozinha a opressão e renovou a fé de seu povo na superioridade do seu Deus. Eu pergunto: nos próximos sessenta anos, o que estarão lendo nossos estudantes em seus livros sobre a ameaça totalitária que enfrentamos em nossos dias? Haverá uma Ester, um Churchill que fale contra tais ameaças?

MOMENTOS *KAIRÓS*

A Bíblia, de capa a capa, é a história de pessoas comuns encontrando o plano de um Deus extraordinário e fazendo parte dele. É a história de pessoas vivendo sua rotina diária e que de repente se dão conta de que fazem parte de algo muito maior e urgente, que requer delas uma atitude corajosa. Estar no lugar certo na hora certa e tomar a decisão certa desencadeiam um momento *Kairós* – um momento no qual o tempo e o destino se cruzam.

Há duas palavras gregas para definir a palavra tempo: Cronos, da qual deriva o termo "tempo cronológico", e *Kairós* que significa "o tempo em que as condições são propícias para a concretização de uma ação crucial: o momento oportuno e decisivo".

Ao longo dos tempos, um incontável número de pessoas medianas tem chegado a um momento de decisão e capturado seu "momento *Kairós*".

Abraão, por exemplo, estava no lugar certo e no momento certo, quando Deus lhe disse: "Aos teus descendentes darei esta terra". Então, Abraão construiu um altar ao Senhor (Gêneses 12.7). A mãe de Moisés chegou a um momento *Kairós*, quando ela escondeu seu filho por três meses e então o colocou em um cesto vedado com piche e betume, preservando-o para cumprir seu destino como um líder e libertador do povo de Deus (Êxodo 2.2-3).

Noé, identificado com o tempo oportuno de Deus, iniciou a construção da arca mais de um ano antes de cair a primeira gota de chuva que se transformou no dilúvio. Seguindo fielmente a direção de Deus, a humilde preparação daquele carpinteiro foi concluída bem em tempo – o momento *Kairós* –, quando as portas da arca foram lacradas por fora, e as janelas do céu se romperam (Gênesis 6.13; 7.10). A obediência de Noé salvou sua família, os quais eram os únicos remanescentes na terra a andarem em obediência com Deus.

Os irmãos de José nem imaginavam que vendê-lo para a caravana dos midianitas fazia parte de uma orquestração divina dos eventos, preparando seu irmão mais jovem para a posição em que deteria autoridade sobre todo o suprimento de alimentos do Egito. José, que era apenas um dos muitos filhos de uma família comum, cresceu para vir a ser o homem que, ao tempo oportuno, salvaria todo o seu povo de ser exterminado pela fome (Gênesis 37.25-28; Gênesis 42.46).

Josué não era alguém especial, quando Moisés o escolheu para assistente. Mas, para um propósito predestinado em um tempo específico, Deus o estava separando de modo a, por meio dele, cumprir as antigas promessas e conduzir Seu povo para a terra da aliança. Após a morte de Moisés e da tocha ser passada a Josué, o Senhor falou-lhe na hora do cumprimento da promessa:

> Sê forte e corajoso, pois você repartirá a terra a este povo, a qual eu jurei a seus pais que lhes daria. (Josué 1.6 - ARA).

Gideão e seu pequeno grupo de trezentos homens enfrentaram milhares de soldados midianitas, que vieram contra a nação de Israel. Em uma noite, obedecendo às ordens de Deus, eles acenderam tochas, tocaram trombetas e gritaram fazendo grande alarido. Então, viram o inimigo entrar em pânico. O Senhor lançou confusão entre as tropas inimigas que começaram a lutar e matar uns aos outros (Juízes 7.19-23), tudo porque Gideão confiou na estratégia de Deus e em Seu momento oportuno.

O menino pastor, assentado solitário junto aos campos, tendo apenas suas ovelhas como companhia, foi dispensado por seu pai para uma função que mudaria todo o curso da história. Contudo, Deus estava agindo na vida de Davi; preparando-o para vir a ser o rei mais venerado de todos os tempos. Davi não seria apenas o rei de Israel, mas na plenitude dos tempos a sua linha sucessória traria o Messias, estabelecendo o trono de Davi para sempre (ver 1 Samuel 16.7-13; 17.33-50; Salmos 89.3-4).

Deus usa pessoas, através das gerações, para cumprir Seus propósitos em suas vidas – no Seu tempo perfeito. Nesses momentos decisivos, é como se os céus e a terra prendessem a respiração em reverência às obras de Deus por uma humilde humanidade, trazendo à existência o destino divino. A Bíblia relata claramente histórias reais, de pessoas reais, que tiveram que tomar decisões difíceis, a fim de cooperar com o Céu e fazer oposição às trevas pelo avanço do Reino da Luz. Servimos a este mesmo Deus hoje. Ele ainda está buscando por alguém: você, eu, alguém que entre em concordância com os Seus propósitos, com os Seus valores e com os Seus planos. Tomaremos posição? Faremos a diferença?

Estou plenamente convicto de que os princípios em operação na história de Ester são atemporais e especialmente relevantes para nós nos dias de hoje, tanto individualmente quanto coletivamente. Eu convido você a unir-se a mim para um exame atualizado dessa antiga história e a ouvir a voz do Espírito falando aos nossos corações. Uma palavra especial enquanto examinamos a história de Ester. Na maioria das vezes, a história de Ester é apresentada sob uma ótica romântica, como um conto de fadas. Em contraste com a sua expectativa, gostaria de apresentar uma perspectiva diferente – que tanto intriga quanto inspira. O foco não está em laços e bordados, mas em como Ester moveu-se pelos campos minados da política da corte e organizou o assassinato de seus inimigos. A mensagem de Ester não se atém a um gênero literário específico, mas como um exemplo para todos, independentemente do sexo. Deus está chamando a todos nós para sermos agentes transformadores neste mundo. Deus, atualmente, busca pessoas que façam a diferença em um mundo em deterioração, em estado de devastação e desespero. Ele está procurando aquela pessoa por meio da qual possa trabalhar, usando o mapa do curso de seu plano eterno, e pela qual Ele possa demonstrar que ainda está no trono. Ester (a rainha órfã) foi uma dessas pessoas. Por que não você?

CAPÍTULO 2
TRÊS EMPECILHOS

Na história do povo judeu não há coincidências.

Elie Wiesel

Imagine por um momento que você tenha acordado um dia pela manhã e descoberto que você se tornou a pessoa mais rica e influente da nação. Você possui todos os bens materiais que sempre desejou: carros, barcos, roupas finas, casas, todo tipo de comida, toda atenção que sempre sonhou – notoriedade, fama, reconhecimento, status. Em resumo, você tem tudo o que sempre quis. Assim aconteceu com Ester, no dia seguinte após ser escolhida para ser rainha.

Certamente você se lembra da história: O rei irou-se contra a antiga esposa, Vasti, e em consequência disso ela foi deposta. Então o rei enviou mensageiros a todo o reino, comunicando que estava à procura de uma nova rainha.

A Bíblia diz que Ester era atraente e amável por natureza: "... e era jovem bela, de boa aparência e formosura" (Ester 2.7b). Por isso ela conquistou o favor dos juízes e foi levada a majestosa condição real. Em um momento, esta pequena órfã, que até então só havia conhecido o desespero, a dúvida e a escassez na vida, foi transportada para um mundo de extravagância, poder e afluência. Simples, de pouca cultura e nada refinada, esta jovem que desconhecia os protocolos palacianos e ignorava os princípios de influência política, foi conduzida da obscuridade a mais alta posição no reino.

Ester tinha a seu dispor sete camareiras, cuja função era ajudá-la a se tornar rainha. Ela se banhou com mirra, especiarias e perfumes e submeteu-se aos melhores tratamentos de beleza disponíveis naquela época. Ela foi transportada do completo anonimato para o status de alta celebridade. Que grande euforia ela deve ter experimentado ao descobrir sua nova identidade!

Mas, espreitando das sombras do passado de Ester, havia três reveses enfraquecedores, que ainda conservavam o poder de ameaçá-la e assombrá-la e que poderiam facilmente desequilibrá-la, assim que ela entrasse na posse da consumação de seu destino. O que eu descobri e creio que você também descobrirá ao examinar o âmago dessas três questões, é que elas são atemporais e ainda igualmente pavorosas hoje como o eram quando Ester as confrontou séculos atrás.

Os três impedimentos básicos na vida de Ester são questões que muitos de nós enfrentamos em nossas vidas hoje em dia. Em primeiro lugar, Ester era uma órfã.

Ela também era uma mulher num mundo de homens e, por último, mas não menos importante, ela era uma judia. Essas eram as três desvantagens, pelas quais (como toda desvantagem), tivesse Ester se chafurdado em autopiedade e amargura, teria sido impedida de alcançar a realização do seu chamado. Mas, em vez de se curvar a esses reveses, ela fez com que eles se tornassem a plataforma sobre a qual ela se apoiaria, a fim de produzir o livramento de sua nação.

EMPECILHO NÚMERO UM: ESTER A ÓRFÃ (FAMÍLIA)

O fato de Ester ser órfã é um detalhe digno de nota nesta impressionante narrativa. Ester estava abandonada no mundo. Sem nenhum lugar para chamar de lar. Ela jamais conheceu o amor de mãe e não pode desfrutar da sabedoria de um pai. Não conhecia afeição, carinho, camaradagem. Existem muitas tragédias na vida, mas certamente a maior delas é ficar sozinho. Isolado. Sem um senso de pertencer.

Ester cresceu com um grande déficit, uma grande lacuna em seu coração em relação ao sentido de viver e crescer sendo alvo do amor e carinho de uma família. Ela foi criada como muitos de nós o fomos hoje em dia, em meio a muita dor, tumulto e confusão. Apesar de Mordecai ter sido um bom homem, ele não era o pai nem a mãe dela.

Muitos de nós temos pais e familiares, mas ainda assim podemos ser órfãos. Lares destruídos e famílias desestruturadas se tornaram o padrão na sociedade atual. Infelizmente, uma família estável, unida e um lar abençoado são raridade nos nossos dias. Quando a dor de uma família destruída nos leva a orfandade do coração, afeta profundamente a noção de quem somos e a perspectiva do que podemos vir a ser na vida.

Em várias ocasiões nas Escrituras, vemos provações tais como traições, enfermidades e abandono na vida de valentes heróis de Deus. Porém, a Escritura não ameniza os fatos, e isso é uma benção para nós, porque nos remete a nossa situação atual. Podemos nos identificar, ao longo das páginas do tempo, com o sofrimento dos personagens bíblicos.

A Bíblia não disfarça nem ignora os erros, dificuldades e deficiências das pessoas. Por quê? Creio que é porque Deus está nos dizendo:

"Você é capaz de realizar o mesmo feito também! Eu conheço seus fracassos; conheço seus conflitos. Nenhum deles me apanhou de surpresa. As coisas que você não quer que ninguém saiba e que tenta ocultar até de si mesmo, não se constituem em obstáculos ao Meu amor ou Meu destino para o seu futuro. Na verdade, Eu permiti algumas dessas grandes dificuldades e as remirei, a fim de extrair o melhor de você e, assim, fazer de você uma benção".

Você já sofreu algum revés em uma situação em família? Esta é sua oportunidade de deixar Deus agir. Muito provavelmente há uma situação em sua vida familiar – inclusive famílias de grande fé – que tem provocado dor, decepção, frustração ou perda. Ester teve essa mesma experiência.

O que fazemos com a nossa "dor familiar"? A dor do divórcio, a dor do abuso, de um filho ou neto pródigo, aquela pessoa amada que morreu tão cedo, a ausência de um dos pais, o alcoolismo? Nada desequilibra tão profundamente um lar quanto circunstâncias iguais a essas. Mesmo depois de muitos anos, após o falecimento de alguns parentes, continuamos lutando pela libertação do que sentimos nos pertencer.

A história de Ester é poderosa para nós, não porque seja um conto de fadas, mas porque ela é real. E parte da sua realidade, muito provavelmente, é que ela sofreu em seu coração por sua família. Empecilho número um.

EMPECILHO NÚMERO DOIS: ESTER, A MULHER (SEGURANÇA)

Minha amiga Kathy, uma executiva financeira bem-sucedida, compartilhava recentemente comigo tudo o que ela passou para construir uma carreira sólida em um mundo dominado pelos homens no campo financeiro. Deram-lhe a entender que "os garotos [executivos do ramo empresarial] a expulsariam da cidade". Com a graça de Deus, ela aprendeu a manter sua posição e veio a ser conhecida no mundo dos negócios por sua perseverança, diligência e excelência.

Mas, e se Kathy, uma mulher que vive no mundo ocidental em pleno século XXI, tivesse de enfrentar os mesmos desafios que Ester enfrentou como mulher que viveu na Pérsia quinhentos anos antes do nascimento de Cristo?

Ser mulher naquele tempo significava viver em uma severa limitação da capacidade pessoal. A mulher era proibida de ter sua própria empresa, frequentar a escola ou ter um emprego. A única opção real era o casamento, o qual demandava que a noiva tivesse um dote. Como órfã, Ester não tinha nenhuma provisão para o dote, a fim de garantir-lhe um casamento. Assim, o futuro dela era incerto – dependente de seu dedicado tio.

À medida que vivemos, cada um de nós possui o desejo inato de assegurar nosso futuro e o de nossos filhos. Esse é um desejo legítimo e um dom de Deus.

E, todavia, na maioria das vezes, essa busca por segurança torna-se empedernida, habitual e espontânea. Qual é o grau de segurança de nossas vidas? Até que ponto as vidas daqueles que possuíam uma boa carreira no topo do World Trade Center, em 11 de setembro de 2001 estavam seguras? Ou aqueles que possuíam residências em Louisiana, quando o furacão Katrina se abateu sobre eles? Ou qualquer um de nós, ao entrarmos em nossos carros e confiar nos outros motoristas nas ruas e avenidas, enquanto dirigimos para o trabalho, para a escola ou para o supermercado?

Enquanto não é errado buscar certo nível de segurança na vida, é preciso lembrar que, em última análise, a segurança neste mundo é uma ilusão. Ninguém sairá daqui vivo!

Tantas pessoas hoje, até mesmo crentes, tem confiado sua segurança em coisas ou pessoas. Mas, afinal de contas, só Deus é a nossa verdadeira fonte, e a economia de Seu Reino nosso padrão real. Ele não nos chama a sobrevivência, mas a grandeza; não para admirar a história a partir de um ponto ilusório de segurança, mas colocar-nos no campo de combate, no meio da batalha.

Ester compreendeu isso ao final de sua jornada; mas, no início de sua caminhada, ela era uma garota desprovida de qualquer segurança financeira, sem nenhuma perspectiva e sem qualquer opção de vida. De repente, foi-lhe dado tudo – inclusive a própria vida – para responder ao chamado.

EMPECILHO NÚMERO TRÊS: UMA JUDIA (IDENTIDADE)

A terceira desvantagem que Ester enfrentou foi sua herança étnica. Ser judia (em um tempo da história, como tantos, inclusive como hoje em vários lugares) a colocava em perigo iminente e em constantes adversidades. Mordecai advertiu Ester a não revelar a ninguém que era judia, a fim de preservá-la de sofrer danos. Ela era uma vítima de discriminação em uma sociedade que não a queria nem a aceitava. Não pense que o antissemitismo começou com o cristianismo – o inimigo tem tentado destruir o povo judeu, muito antes de aqueles que se autodenominam cristãos se tornarem um de seus veículos de vingança.

Ester fazia parte de uma minoria da população da Pérsia, o antigo império babilônico que foi conquistado pelos exércitos comandados por Ciro e Dario. Onde hoje se encontra o Irã e o Afeganistão era, no princípio, a Assíria; depois, Babilônia; e, na época de Ester, Pérsia. Todo aquele império da Mesopotâmia tinha interações nem sempre amistosas com o povo judeu.

Quantas vezes Ester deve ter se sentido "diferente" das pessoas a sua volta? Quantas vezes ela se sentiu como uma estranha? Você já se sentiu assim? Desejando, esperando, até mesmo orando para que possa se adequar ao meio e se tornar parte da multidão? Todo mundo, de tempos em tempos, sente-se deslocado, fora do ambiente, ignorado.

Ester vivia no exílio. É possível, pelo que conhecemos dela, que ela possa ter se sentido estranha até em relação a sua própria fé. A religião para ela provavelmente pode ter se tornado uma antiga lembrança, agora que ela estava desconectada do seu templo e da terra de seus pais. Mordecai preveniu-a por várias vezes, desde a tenra idade a não falar a ninguém que ela era judia, mas fazia questão de lembrá-la desse fato. Então, por que não abandonar de vez o judaísmo? Deixar a bagagem? Negar aquela verdade inconveniente? Com certeza seria mais fácil, mas essa não era a vontade de Deus.

As Escrituras deixam claro que o perigoso Hamã odiava os judeus, em parte porque Mordecai apegou-se à fé dos judeus, a qual determinava que ele não se curvasse perante ninguém a não ser Deus.

> "Depois destas coisas o rei Assuero engrandeceu a Hamã, filho de Hamedata, agagita, e o exaltou, e pôs o seu assento acima de todos os príncipes que estavam com ele. E todos os servos do rei, que estavam à porta do rei, se inclinavam e se prostravam perante Hamã; porque assim tinha ordenado o rei acerca dele; porém Mordecai não se inclinava nem se prostrava. Então os servos do rei, que estavam à porta do rei, disseram a Mordecai: Por que transgride o mandado do rei? Sucedeu, pois, que, dizendo-lhe eles isto, dia após dia, e não lhes dando ele ouvidos, o fizeram saber a Hamã, para verem se as palavras de Mordecai se sustentariam, porque ele lhes tinha declarado que era judeu. Vendo, pois, Hamã que Mordecai não se inclinava nem se prostrava diante dele, Hamã se encheu de furor. Porém teve como pouco, nos seus propósitos, a pôr as mãos só em Mordecai (porque lhe haviam declarado de que povo ele era); Hamã, pois, procurou destruir a todos os judeus, o povo de Mordecai, que havia em todo o reino de Assuero". (Ester 3.1-6)

Então, temos aqui esse interessante paradoxo: Mordecai e Ester, ambos atrelados a sua fé, mas, ao mesmo tempo, escondendo sua herança judaica. E, vez por outra, isso não acontece na Igreja? Em vez de celebrar o grande privilégio de fazer parte de um Reino que "não é deste mundo" (João 18.36), não tentamos fazer com que a Igreja se "encaixe" na cultura, a fim de que as pessoas nos considerem "normais", exatamente como elas são? Quantas vezes a Igreja se compromete com o mundo, em vez de permanecer na posição de "estar no mundo, mas não pertencer a ele" (João 17.11-14)?

À semelhança de Ester, tornamo-nos confusos em relação ao nosso papel. Pertencemos a uma comunidade que não se curva, mas, ao mesmo tempo, procura esconder a realidade sob um disfarce qualquer. Afinal de contas, a inconveniente verdade, ao longo do caminho, pode vir a ser perigosa para nós.

Ninguém sente mais desesperadamente o desejo de ser adequado do que um órfão ou alguém indefeso e dependente. Família, segurança, identidade. Três questões centrais que tocam nosso coração — três fatores decisivos que dizem respeito a toda a nossa existência. E, para Ester, cada uma dessas áreas era uma fonte de dor e de falta. Contudo, se não fossem essas realidades, ela jamais teria sido posicionada por Deus para praticar as ações corajosas que iriam conduzir seu povo a salvação.

TRAZENDO PARA NOSSA REALIDADE

Normalmente, todos gostam de terminar a história de Ester quando ela salva seu povo da destruição, mas muitos se esquecem do seu começo humilde e dos gigantescos desafios que ela enfrentou ao longo do caminho. Na verdade, muitos de nós enfrentam os humildes começos, como Ester. Pode ser que muitos não tenham tido pais zelosos e amorosos, ou a oportunidade de frequentar boas escolas ou mesmo uma universidade. Pode ser que tenham sido maltratados por um mundo que preferia que não tivessem nascido! Mas, graças sejam dadas ao Senhor, pois servimos a um Salvador que é Redentor e Restaurador! Nosso Deus tem prazer em tomar as coisas que não são e considerá-las como se já existissem (Romanos 4.17). Ele toma as nossas fraquezas e as transforma em pontos fortes que irão nos conduzir confiantemente pela aventura da fé que Ele projetou para nós.

Na maioria das vezes, somos tentados a cair na cilada do inimigo, quando consideramos as provas que enfrentamos como pedras de tropeço de nosso passado, em vez de considerá-las como degraus que nos elevarão ao nosso futuro. Precisamos lembrar que Ester, enquanto não tinha família para ampará-la e confortá-la, quando chegou o chamado para ir para o palácio, não havia ninguém que pudesse detê-la ou que fosse um obstáculo. Ela não tinha nada que a fizesse reduzir o ritmo. Ester podia arriscar a vida concentrada e determinada, sem se preocupar se isso iria afetar alguma outra pessoa.

Enquanto a ligação de Ester com a comunidade judaica constituía um fator de risco para sua vida, a relação deles com ela em seus três dias de jejum foi o que moveu o coração de Deus para responder com Seu plano para resgatá-los. (Ester 4.16).

E, finalmente, se os pais de Ester não tivessem morrido naquela época, ela jamais teria sido enviada para viver com seu tio Mordecai, desimpedida de qualquer noivo pretendente, livre para responder a convocação real da corte do rei.

Todas as forças que conspiravam contra ela, fazendo parecer que uma mão ruim estava sobre sua vida, eram na verdade os instrumentos que a iriam impelir para seu verdadeiro destino. Quando você pensar nos golpes que o inimigo tem infligido sobre sua alma, lembre-se disso: se Ester jamais tivesse sido uma órfã, possivelmente ela não teria se tornado uma rainha. Então talvez, bem como agora, importa saber do que você foi feito para saber para que você existe.

A sabedoria infinita de Deus e sua poética justiça em muito transcende as armadilhas do inimigo contra nossa alma. Tudo o que agora parece ser sem esperança, irrelevante e declaradamente infrutífero, não passa de condição temporária que irá assegurar o nosso destino eterno.

Assim como José (que virtualmente detém o recorde mundial de sofrimento injusto), que disse aos seus assustados irmãos quando eles vieram a ele, anos mais tarde após traí-lo:

> "Vos bem intentastes mal contra mim; porém Deus o intentou para bem, para fazer como se vê neste dia, para conservar muita gente com vida". (Gênesis 50.20)

Isso, meus amigos, é vida de uma perspectiva celestial! Você está enfrentando três empecilhos... ou mais? Contra que você tem lutado? Onde você tem sido ferido? Magoado? Maltratado? Eu lhe prometo, na autoridade da Palavra de Deus, que se você oferecer a Ele as áreas de quebrantamento e dificuldade em sua vida, o nosso Deus, o Pai Fiel, tomará os momentos mais desertos de sua vida e fará que eles brilhem como o sol ao meio dia. Nosso Deus é o Redentor que transformará o seu caos em uma maravilhosa mensagem, e seu teste em testemunho. Glória a Deus que não traça nosso futuro baseado em nosso passado!

> "Porque eu bem sei os pensamentos que tenho a vosso respeito, diz o Senhor; pensamentos de paz, e não de mal, para vos dar o fim que esperais". (Jeremias 29.11)

Não importa que tipo de provação e quais os traumas que você enfrentou ou está enfrentando. No final, as mesmas coisas contra as quais você está lutando serão usadas por Deus como instrumentos para prepará-lo para ser parte dos propósitos de Seu Reino. Aquilo que nos desqualifica perante os olhos do mundo é exatamente o que Deus está procurando para nos colocar em Seu time. Afortunadamente, com Deus, são só três empecilhos, e você está dentro!

Nos próximos dois capítulos, examinaremos as duas limitações mais comuns que podem nos impedir de entrar na posse do futuro cheio de esperança que Deus tem para nós. Esses dois obstáculos são distrações negativas. Cada um deles pode ser vencido, se aprendermos a enxergar as coisas da perspectiva de Deus, como fez Ester, e receber Sua palavra em nosso coração. Una-se a mim, enquanto iniciamos a jornada para o mundo de Ester, até que também nós possamos andar em profunda vitória assim com o ela andou.

CAPÍTULO 3

O PERIGO DA DISTRAÇÃO

Que excelente riqueza para os governantes o fato de que as pessoas não pensam.

Adolf Hitler

No mundo ocidental, nós estamos nos afogando na distração. Televisão. Internet. Cinemas. Shoppings. Celulares. Em que época fomos tão bombardeados pelos bipes, barulhos, *flashes*, sons, mensagens e todo esse entretenimento? As empresas de propaganda têm organizado campanhas inteiras sob a premissa de que, se conseguirem mantê-lo distraído e conservarem sua atenção o tempo suficiente, muito provavelmente você acabará comprando seus produtos. Nossa sociedade inteira é comprada pela distração, que compete ferozmente pela sua atenção, isto é, por seu dinheiro. Então, ao conseguirem seu dinheiro, na verdade, eles terão conseguido seu tempo, sua vida, sua alma.

Em uma era diferente da história, Ester enfrentou uma enorme montanha de distrações quando foi catapultada de sua vida humilde como órfã, para dentro da vida cheia de luxúria de uma rainha. No momento em que ela ascendeu a sua posição de influência, conheceu distrações do estilo de vida palaciano, onde "os leitos eram de ouro e prata sobre pavimentos de alabastro, turquesa e mármore preto e branco". No palácio, as pessoas "davam de beber em vasos de ouro, cada vaso era diferente do outro, e havia muito vinho real". Com poucas restrições, "eles poderiam fazer tudo segundo a vontade de cada um" (Ester 1.6-3).

Aparentemente, tudo era perfeito para Ester. Ela poderia se deleitar em uma milagrosa história de bênçãos, que somente o próprio Deus poderia escrever. Como a mulher mais importante do país, você não acha que Ester agora enfrentava a armadilha comum de se permitir ser distraída pela benção de Deus e esquecer-se do Deus da benção?

DISTRAÇÕES INTERIORES

Eu creio que há muito mais na situação de Ester do que os olhos possam ver. Imagine comigo por um momento a transição do padrão de pensamento de Ester, quando ela saltou da posição de uma menina órfã para a de uma rainha. Tamanho ajuste de um mundo para outro não poderia acontecer facilmente! O que passou pela mente dela? Contra que pensamentos ela teve de lutar que a levariam a duvidar de ser digna e capacitada para aquela nova posição?

Pense nos "três empecilhos" de Ester. Como essa insegurança afetou seus pensamentos? Estaria ela ainda lutando contra o sentimento de ser uma órfã? Agora rodeada de pessoas, ela de repente estava mais solitária do que nunca.

E parecia até mais urgente agora do que antes que ela escondesse sua identidade judia. De que forma esse medo interior afetou sua vida diária?

Enquanto essas vozes interiores estão agindo para nublar a consciência de Ester, surge a voz de Mordecai, seu parente de confiança. Como veremos mais claramente adiante no livro, Ester não é capaz inicialmente de ouvir a mensagem dele prevenindo-a, porque a distração havia erguido um escudo dentro dela em relação a sua verdadeira situação. As palavras de Mordecai não penetravam plenamente no entendimento de Ester, porque o coração dela não estava aberto para receber a verdade que lhe era comunicada.

Todos nós também temos de lidar com as distrações interiores, consciente ou inconscientemente, que são os padrões de pensamento, os quais podem se tornar parte da nossa "personalidade". A menos que tomemos um tempo para examinar cuidadosamente o que pensamos, podemos ficar bastante desatentos, distraídos e sem conseguirmos tocar nosso eu mais profundo, aquilo que realmente somos.

Por exemplo, eu fui abençoado por ter tido várias experiências ao encontrar e conversar com pessoas de grande autoridade e influência. Recordo-me que, em meus primeiros anos, quando Deus começou a abrir essas portas para mim, eu me sentia fora de contexto e deslocado, sem saber o que dizer ou como reagir em tais situações. Eu ficava "gelado" e perdia momentos de grande oportunidade, porque eu não estava preparado interiormente.

Mas eu comecei a me dar conta de que a raiz dessa "paralisia" era uma perturbação interior de medo e insegurança. Comecei então a aceitar o fato de que Deus estava me colocando nesses lugares e diante dessas pessoas com um propósito. Eu precisava vencer meus sentimentos de inadequação e me preparar para aproveitar ao máximo cada oportunidade que o Senhor me confiasse.

Quando decidimos obedecer ao chamado de Deus, muitas vozes se levantam buscando nos distrair nos momentos de oportunidade. Essas distrações vêm de várias formas e dimensões, porque o inimigo de nossas almas procura cada oportunidade em potencial para anular e impedir o impacto que ele sabe que somos capazes de causar. Posso imaginar que a mente de Ester estava literalmente girando com a distração, tanto por causa da opulência externa quanto pela estranheza interior, que vem quando somos chamados para algo muito maior do que aquilo que jamais sonhamos que seria possível.

Nossos pensamentos constituem o elemento mais básico de nossa experiência humana. Quando examinados e atrelados ao propósito, eles se tornam a poderosa fonte para a direção de nossas vidas. Quando desenfreados e sem controle, podem vir a ser uma das maiores pedras de tropeço na caminhada em direção ao nosso chamado. A sede dos pensamentos são fortalezas tanto para as bênçãos de Deus quanto para os enredos do inimigo e, na maioria das vezes, ambas as realidades operam simultaneamente dentro de nós.

Nossas ações são o reflexo dos nossos pensamentos. Você deseja mudar sua vida? Mudar suas atitudes? Mude seus pensamentos e suas palavras.

Quando eu viajo para ministrar ao Corpo de Cristo, na América e em outros países, fico chocado e até alarmado ao observar como aqueles que se denominam cristãos na realidade não pensam conforme a disposição mental de um redimido. Asseveramos que cremos na Bíblia, mas, quando chega o momento de demonstrá-lo, dentro de nossas mentes estamos alienados com relação ao que é verdade e ao que está correto – das coisas elementares as quais o Reino Deus diz respeito.

As Escrituras nos exortam em Filipenses 4.8:

> Quanto ao mais, irmãos, tudo o que é verdadeiro, tudo o que é honesto, tudo o que é justo, tudo o que é puro, tudo o que é amável, tudo o que é de boa fama, se há alguma virtude, e se há algum louvor, nisso pensai.

Não ofereça lugar ao adversário para agir em sua vida! Mude sua maneira de pensar. Pensamentos são fortalezas que são construídas pouco a pouco em nosso interior. E, se construímos nossa casa "interior" com pensamentos que não são alinhados a Palavra de Deus, estamos na verdade alinhando-nos com as trevas e convidando o inimigo a trazer confusão e debilidade ao nosso padrão de pensamentos. "Eu jamais serei suficientemente bom". "Jamais poderei ser completamente curado do meu passado". "Se não fosse pelo que ele/ela fez, eu não estaria enfrentando esse fardo pesado agora".

O que sai de nossos lábios frequentemente é fruto do mecanismo de defesa que empregamos em nosso subconsciente quando nossa natureza carnal se rebela contra a verdade do Reino de Deus. Mecanismos de defesa mascaram a dor que sentimos interiormente, a ponto de sermos incapazes de admiti-la, tratá-la e seguir adiante. O inimigo conhece o poder da distração interior, então ele tenta nos manter presos a conceitos elementares errados, contrários aos princípios libertadores da Palavra de Deus.

Quanta autoridade você está dando à autolimitação e suas percepções em sua vida e pensamentos? Onde você está permitindo que o inimigo imprima em sua mente registros subconscientes, gravando-os repetidas vezes como uma vitrola quebrada? Quantas vozes interiores estão obstruindo sua capacidade de mover-se em direção ao seu chamado?

Você de fato possui um propósito divino. Sua vida pode e faz a diferença. Você pode não percebê-lo, pode não se dar conta disso, mas Deus realmente deseja fazer mais por meio de você do que tudo o que Ele já fez até hoje. Ele o convida a libertar-se do barulho da distração para ouvir outro som puro e claramente. O som de Sua voz, Seu Espírito, elucidando seu chamado e seus próximos passos.

Enquanto o inimigo gosta de nos manter embaraçados em antigos ciclos, o plano de Deus consiste em rompê-los, libertando-nos deles e ensinando-nos como pensar como filhos e filhas de Deus: como realeza que somos.

Nossa resposta é encontrada no poder da Palavra do Senhor para dissipar as mentiras:

> Porque a palavra de Deus é viva e eficaz, e mais penetrante do que espada alguma de dois gumes, e penetra até a divisão da alma e do espírito, e das juntas e medulas, e é apta para discernir os pensamentos e intenções do coração. (Hebreus 4.12)

> Porque, andando na carne, não militamos segundo a carne. Porque as armas da nossa milícia não são carnais, mas sim poderosas em Deus para destruição das fortalezas; Destruindo os conselhos, e toda a altivez que se levanta contra o conhecimento de Deus, e levando cativo todo o entendimento a obediência de Cristo. (2 Coríntios 10.3-5)

À semelhança de Ester, precisamos aprender a vencer os antigos padrões de pensamento que nos limitavam, a fim de sermos capazes de receber a "mente de Cristo" (1 Coríntios 2.16).

DISTRAÇÕES EXTERIORES

Nossas vidas hoje, no século XXI, são inundadas por uma abundância de distrações exteriores, as quais procuram impedir-nos de fluir no plano de Deus. Na maioria das vezes, essas coisas não são más em si mesmas, todavia acabam por desviar nossa atenção e nos roubam um tempo precioso que poderia ser utilizado para nos conduzir em direção a tudo o que Ele deseja nos dar.

Distrações exteriores surgem a partir de distrações interiores. Ou seja, as distrações da sociedade não se originaram nelas mesmas. Ao contrário, elas brotam de questões mal resolvidas nos corações de incontáveis homens e mulheres, formando uma teia de distração corporativa.

As distrações exteriores (que criam uma cultura da distração) tem o poder de se multiplicar e criar mais e mais escolhas e opções, que tem pouco ou nada a ver com o propósito para o qual fomos criados. Como um câncer, eles se multiplicam rapidamente e formam uma rede de entorpecimento mental.

Vivemos de ilusões internas e, quanto maior e mais frenéticas as atividades, melhor. Desejamos sempre mais coisas e imediatamente – na verdade, para ontem, seria bom. E, de fato, de alguma maneira, os bens materiais e o anseio pelo imediato podem ser uma benção. Mas também podem se constituir em fatores de distração, os quais, lamentavelmente, podem vir a ser uma condição fatal.

MORTE PELA DISTRAÇÃO

Quando você considera o que aconteceu na história do mundo apenas nos últimos dois séculos (em comparação com os vários milhares de anos anteriores), é simplesmente espantoso.

A eletricidade tornou-se disponível em toda casa no ocidente; automóveis são disponibilizados pelas montadoras todos os dias; a inovadora invenção do telefone abriu caminho para o difundido telefone celular; o progresso do transporte aéreo nascido da invenção dos irmãos Wright evoluiu para centenas de voos comerciais diários por todo o globo; máquinas de escrever são substituídas por computadores e copiadoras que produzem milhares de cópias de livros diariamente; novos avanços na engenharia espacial resultam em explorações espaciais em outros planetas, o que antes, para nossos avós, era inconcebível.

O que consideramos hoje normal, simplesmente jamais existiu em milhares e milhares de anos do desenvolvimento humano. Hoje, podemos ir mais longe e mais rápido do que nossos antepassados jamais sonharam ser possível. De que maneira tudo isso tem afetado a raça humana?

Há meros 30 anos, escassas almas conheciam a internet. Agora a informação está ao alcance do teclado do seu computador. A internet provê notícias, informações sobre o clima, namoro, compras, bate-papo, programas, e um host incontável de serviços – essencialmente um universo tecnológico completo, que ninguém poderia imaginar. Em 2009, havia aproximadamente 1,7 bilhão de usuários no mundo, e em 2018 esse número passou dos 4 bilhões. Não faz muito tempo, as pessoas se distraiam com o que acontecia nas ruas da sua cidade; agora elas podem saber instantaneamente o que acontece em Istambul ou na Malásia.

Em meio a essa agitação de atividades infindáveis, a inconstância das distrações está ativa durante vinte e quatro horas por dia, sete dias por semana. A alma inconstante agora possui uma centena de opções para tentar preencher o vazio interior que clama por significado. Não é de admirar que um livro com o título "*Uma Vida Com Propósitos*" venderia milhares de cópias neste mundo de crescente e abundante perturbação e confusão.

Então agora somos capazes de escrever sobre pessoas que conhecemos *on-line* na China, mas não sabemos quem é nosso vizinho. Somos mais avançados tecnologicamente, mas muito menos civilizados, menos compassivos e menos humanos.

ENTRETENIMENTO

Hollywood é um mundo em si mesmo, que tem se sustentado e enriquecido através da indústria da distração e do entretenimento em nossa sociedade atual. O entretenimento transformou-se em um empreendimento multibilionário em nossa geração; não somente uma diversão, mas um modo de vida e uma sólida dieta para um público ávido, faminto, obcecado. Espantosamente, as bilheterias obtiveram um lucro em 2018 de mais de 40 bilhões de dólares ao redor do mundo.

Similarmente, a televisão e os dispositivos móveis, que tem definido uma geração, tem crescido a ponto de os americanos passarem em média cinco horas por dia consumindo mídias digitais, em lares em que o número de aparelhos supera o de membros da família. Como isso nos afeta? Qual é a consequência para nós? E para nossos filhos?

Considere o fato de que, se alguém se exalta em sua forma de adorar nos cultos da Igreja, é considerado, em muitos círculos, como anormal ou desequilibrado. Contudo os fãs dos esportes não pensam duas vezes sobre as centenas de pessoas a sua volta que se pintam de várias cores e gastam centenas de dólares em entradas para jogos, nos quais eles berram até perderem a voz. Esse comportamento é aceitável em nossa sociedade, mas aqueles que se exaltam e se emocionam diante de Deus e de Seu Reino são vistos com mórbida desconfiança.

Está ficando cada vez mais comum as famílias organizarem suas agendas inteiras em função das atividades de seus filhos e, se o compromisso com a igreja coincide com essas agendas, então que seja. As prioridades de nossos corações são reveladas de duas maneiras: como gastamos nosso dinheiro e com o usamos nosso tempo.

"Entretenimento cristão", atualmente uma enorme indústria financeira, exatamente igual ao "entretenimento mundano", pode não ser menos distração do que sua similar secular. Que diferença há entre passar várias horas numa experiência de entretenimento cristão e ir a um show dos Rollling Stones, se aquela experiência não confronta nosso coração genuinamente com a realidade da presença de Deus, nem nos leva a uma maior responsabilidade como cristãos?

Estamos distraídos ou somos discípulos? Temos sido, propositadamente ou não, empurrados para dentro da distração da cultura *pop*, e nossos ouvidos estão surdos para o que realmente é importante – especialmente a voz de Mordecai, implorando por nossa atenção.

A DISTRAÇÃO NA IGREJA

Quando Jesus comissionou Seus primeiros discípulos, Ele lhes ordenou:

Façam discípulos de todas as nações. (Mateus 28.19)

O discipulado não é transferência de informação, mas ensinar um novo modo de ser. É necessária a modelação de um estilo de vida. Não existe absolutamente nenhum atalho para o discipulado. Você não pode jamais apressar o discipulado, assim como não pode apressar o crescimento de uma árvore. O discipulado não acontece do púlpito. Ele se dá entre uma xícara de café e outra, ou em uma oração no meio da noite num momento de crise, ou enquanto levamos alguns adolescentes a uma excursão ecológica.

Mas, por alguma razão, em muitas das igrejas do ocidente, parece que temos adotado inconscientemente uma forma de distração corporativa que nos impede quase totalmente de cumprir as ordenanças das Escrituras, tais como 1 Pedro 1.22, o qual nos ordena a *"amar ardentemente uns aos outros com um coração puro"*.

Considere o grau de distração das culturas modernas evidenciado pela ampla penetração na vida diária nas mídias sociais. Essa tecnologia pode ser útil para se fazer contato com outras pessoas. Mas, se observamos nosso grau de compromisso com os incontáveis "amigos" *on-line* que temos e compararmos com o tipo de aliança da amizade que havia entre Davi e Jonatas em 1 Samuel, capítulo 20 – amizade que colocou a vida de ambos em perigo –, torna-se claro o quanto perdemos de vista o princípio de dispor a nossa vida em favor dos outros.

Podemos conhecer e nos relacionar com um número muito maior de pessoas, mas nossas amizades são muito superficiais.

Infelizmente, o verdadeiro discipulado tem desaparecido de nosso estilo de vida, em favor de relacionamentos superficiais e programas religiosos.

A questão que permanece é a seguinte: estamos desafiando uns aos outros a crescer no verdadeiro caráter e santidade? Ou estamos nos acomodando à mornidão e as normas culturais? A igreja do Ocidente tem muito a aprender com nossos irmãos e irmãs ao redor do mundo.

Em maio de 2008, tive a oportunidade de ministrar em Porto Seguro, Brasil, como convidado do Apóstolo Rene Terra Nova, em uma conferência nacional para mais de 25.000 pastores e suas famílias. O que presenciei ali me tocou poderosamente. Nos cultos em que ministrei, havia um tremendo senso da presença de Deus e de unidade entre os participantes. Havia um grande quebrantamento na atmosfera que, honestamente, experimentei em poucos lugares.

Eu perguntava a mim mesmo o que era aquilo; não posso esquecer como a atmosfera era completamente distinta da natural na qual estávamos inseridos. O clima tímido, marcando 28 a 30 graus, não impedia que os cultos durassem seis a oito horas, sem intervalo nem mesmo para ir ao banheiro. Muitos nem mesmo possuíam cadeiras. O culto da manhã começava as oito horas e se estendia até as catorze horas. As pessoas retornavam as dezoito horas, e o culto chegava até a uma hora da madrugada, frequentemente, até mais tarde.

Mesmo nessas condições, havia os momentos de intercessão coletiva, orando uns pelos outros, clamando continuamente por várias horas, sem que ninguém os orientasse a fazê-lo. Os brasileiros aprenderam o segredo de tocar o poder sobrenatural de forma a não apenas experimentam o milagre, mas também disciplinaram suas mentes para a produtividade do Reino.

Não admira que poderosas revelações e sinais miraculosos e maravilhas tenham se seguido. Eles não estavam distraídos! Estavam ali por causa de Deus. Estavam ali por causa de Sua Presença. Seu propósito. E uns pelos outros. Estavam esperando em Deus. Esperando. A Palavra em si mesma implica em "sacrifício" do tempo. Eles esperaram, e Deus veio até eles!

Nossa comunhão como cristãos precisa ser mais profunda do que meramente frequentar os cultos semanais, nos quais permanecemos atrás da cabeça de alguém por noventa minutos. Essa não é a comunhão bíblica. E nós, os líderes, precisamos nos mover para além das gentilezas e cordialidades em nossos encontros mensais da associação ministerial. Precisamos avançar para o nível de unidade funcional, que significa sermos sinceros uns com os outros.

É tempo de a mudança começar pela Casa de Deus! Essa mudança só é possível por meio de pessoas que estão comprometidas a se libertar das formalidades vazias de significado e entregar-se a relacionamentos de doação de vidas com frutos que permanecem.

FIQUE DESILUDIDO

Eu costumo dizer que a desilusão é algo positivo, porque implica que você deve ter sido "iludido". Fique desiludido. Reconheça aonde você deixou de ir profundamente no relacionamento que você realmente deseja ter com Deus e com outros irmãos. Eu o encorajo a examinar o seu nível de ligação com a nossa cultura de entretenimento, seja ela secular ou "espiritual", que frequentemente é mascarada de adoração, e induz a fazer mudanças radicais, na medida em que o Espírito Santo o orienta.

Se você começar a dar passos de obediência hoje, Deus abrirá novos domínios do seu Reino – libertando-o do poder das distrações, revelando novos enfoques em sua vida diária e levando-o ao Seu propósito dinâmico.

Ester precisou superar as distrações interiores de sua insegurança e do medo pessoal, bem como dos entretenimentos exteriores de seu ambiente confortável. Se quisermos cumprir a missão vital que foi confiada a nós devemos fazer o mesmo.

CAPÍTULO 4

A MALIGNIDADE DA NEGAÇÃO

Fugir do perigo em vez de enfrentá-lo, é negar a fé no homem e em Deus, e até em si mesmo. Seria melhor morrer afogado do que, vivo, declarar tamanha falência da fé.

Mahatma Gandhi,
24 de novembro de 1946

Ne-ga-ção: mecanismo de defesa psicológica pelo qual a confrontação com um problema pessoal ou com a realidade é evitada, negando a existência de tal problema ou realidade.

Em outras palavras: "Vamos fingir que tudo está bem".

É uma reação comum. Queremos que tudo esteja bem e funcione como vemos nos filmes, porque, afinal de contas, nós somos cristãos, e Jesus veio para nos dar uma vida boa, não é?

Enquanto Ester desfrutava de todas as extravagâncias que seu relacionamento com o rei lhe proporcionava, sentindo-se mais e mais segura, salva e recebendo atenção especial a cada minuto, Hamã estava conspirando o extermínio dos judeus.

> E Hamã disse ao rei Assuero: Existe espalhado e dividido entre os povos em todas as províncias do teu reino um povo, cujas leis são diferentes das de todos os povos, e que não cumpre as leis do rei; por isso não convém ao rei deixá-lo ficar. Se bem parecer ao rei, decrete-se que os matem; e eu porei nas mãos dos que fizerem a obra dez mil talentos de prata, para que entrem nos tesouros do rei. Então tirou o rei o anel da sua mão, e o deu a Hamã, filho de Hamedata, agagita, adversário dos judeus. E disse o rei a Hamã: Essa prata te é dada como também esse povo, para fazeres dele o que bem parecer aos teus olhos. Então chamaram os escrivães do rei no primeiro mês, no dia treze do mesmo e, conforme a tudo quanto Hamã mandou, se escreveu aos príncipes do rei, e aos governadores que havia sobre cada província, e aos líderes, de cada povo; a cada província segundo a sua escrita, e a cada povo segundo a sua língua; em nome do rei Assuero se escreveu, e com o anel do rei se selou. E enviaram-se as cartas por intermédio dos correios a todas as províncias do rei, para que destruíssem, matassem, e fizessem perecer a todos os judeus, desde o jovem até ao velho, crianças e mulheres, em um mesmo dia, a treze do duodécimo mês (que é o mês de Adar), e que saqueassem os seus bens. Uma cópia do despacho que determinou a

divulgação da lei em cada província, foi enviada a todos os povos, para que estivessem preparados para aquele dia. Os correios, pois, impelidos pela palavra do rei, saíram, e a lei se proclamou na fortaleza de Susã. E o rei e Hamã se assentaram a beber, porém a cidade de Susã estava confusa.
(Ester 3.8-15)

É interessante notar que a história de Ester é um dos primeiros registros de exemplos de antissemitismo nacional, pois a narrativa precede em muito o cristianismo. Certamente, nos últimos 2.000 anos, o antissemitismo ocorreu também nas mãos dos "cristãos", talvez até em maior escala, sendo que seu terrível clímax, evidentemente a mais inconcebível e corrosiva cegueira que acometeu a alma humana, foi o Holocausto, que teve lugar no contexto da Europa Cristã, enquanto a igreja permanecia silenciosa, em atitude de negação.

A história de Ester prova que a vingança do inimigo contra os filhos de Abraão está enraizada em algo muito mais importante e original que uma agressão religiosa mal orientada. Existe alguma coisa na própria natureza da existência dos judeus, algo no fato de que eles, até mesmo no exílio ou estando longe de sua fé, levam o testemunho do Único e Verdadeiro Deus com eles, em virtude de sua própria existência, despertando o ódio de satã (e daqueles que são seus aliados) e sua vingança.

Então Hamã obtém a participação do rei e inicia os preparativos para a aniquilação dos judeus. Mordecai, imediatamente, envia o aviso a Ester. Você se lembra da resposta dela? Em essência, Ester diz: "Mordecai, eu não posso me envolver nisso... O rei não mandou me chamar e eu não poderia me colocar em uma situação perigosa" (Ester 4.11). Ester entra no clássico estado de negação.

Ela foi ensinada a negar e até mesmo a esconder sua identidade judia. Agora, ela encontra na negação uma maneira conveniente de lidar com aquela indesejada informação.

Ester está confortável no palácio. Ela não deseja entrar em situações difíceis. Os judeus em Susã, agora em estado de choque e perplexidade (veja Ester 3.15), estão muito longe da segurança que ela sente enquanto é cercada de cuidados por suas camareiras e guardas eunucos e usufrui da prosperidade e do favor do rei. Afinal de contas, isso não é uma benção de Deus? Ela não está desfrutando das bênçãos que havia esperado de Deus? Logo alguém cuidará da situação de Hamã. De alguma forma, as coisas logo vão se resolver...

A negação é um mecanismo de defesa que tem se espalhado pelas nações e também na igreja. Dizemos a nós mesmos: "Não acredito que isso esteja realmente acontecendo, então não deve ser real". Ou "Não compreendo o que está acontecendo, então não deve ser verdade".

A NEGAÇÃO DA REALIDADE

Enquanto Ester estava usufruindo o conforto e as regalias do palácio, era fácil para ela negar o fato de que seu tio Mordecai estava tentando passar a ela uma mensagem. Era fácil ignorar alguém que tentava incomodá-la e espioná-la em sua vida de conforto na corte. Por que ele estaria perturbando-a com advertências que poderiam não ser verdade? Ela estava muito bem instalada em seu novo palácio e não poderia ouvir ou querer ouvir nada além de boas notícias.

Ester se recusava a lidar com o fato de que tinham declarado guerra a ela e a seu povo. Finalmente, ela se sentia segura e salva. Assim como Ester, a Igreja Cristã Ocidental encontra-se muito confortável, desfrutando as bênçãos ao seu redor. Queremos ouvir apenas boas notícias. Não apreciamos a intensidade do que ouvimos sobre "batalha espiritual". Isso nos soa muito radical e extremo. Contudo, na realidade, nós não estamos mais lidando com batalha espiritual apenas, mas com a guerra no sentido literal! Os conflitos que enfrentamos com armas de verdade ao redor do mundo são a manifestação de uma guerra espiritual ocorrendo nas regiões celestiais. O espírito de Hamã e o espírito de Hitler estão vivos em nossos dias. Eles se mobilizam com foco e determinação para varrer do mapa Israel e o ocidente. E nós, embalados na negação da realidade pelo nosso materialismo e secularismo, possivelmente já devemos ter perdido nossa firmeza espiritual necessária para resistir à invasão.

Ouça o clamor de Mordecai, enquanto você lê estas recentes palavras do líder do Governo Israelense Benjamin Netanyahu.

Agora (nós necessitamos) de algo que é particularmente difícil. Isso requer aquilo que eu chamo de liderança preventiva de todas as atividades requeridas nos campos político, econômico e militar, a prevenção é a mais difícil. Você jamais poderá convencer as pessoas sobre o que a situação poderia vir a ser se você não agir...
Toda liderança exige um custo – porque se não fosse assim, líderes não seriam necessários. Você precisa de dirigentes... você necessita ir ao cabeça do rebanho. Estando alguém encarregado dele, basta que você responsabilize essa pessoa.
Hoje o que se requer é liderança, uma liderança capaz de mudar o curso da história, capaz de confrontar o perigo – liderança capaz de agir...
Para nós, o povo judeu, por várias ocasiões na história falhamos em ver o perigo a tempo, e quando o fizemos, era tarde demais. Bem, nós o vemos agora... Mas, poderá se despertar o mundo? Poderemos levar os Estados Unidos a agir com base em seu compromisso – um compromisso feito pelo presidente Bush – que prometeu que eles não permitiriam que o Irã se armasse com bombas nucleares? Qualquer pessoa em sua mente perfeita apoiaria esta posição. Ela poderia ser executada. Seremos capazes de conseguir que o mundo o faça?
Um homem o qual eu muito admiro disse: "não". Isto é o que Winston Churchill disse na Câmara dos Comuns em 1935, referindo-se à tendência da democracia de dormir, enquanto o perigo espreita e se ajunta:
Não há nada de novo na história. Tudo é tão antigo quanto

Roma. Acaba caindo sobre aquela desanimadora categoria das experiências infrutíferas e confirma o caráter não ensinável da humanidade. Busca previsão, indisposição de agir enquanto a ação seria simples e eficaz; carece de clareza mental, ocorre a confusão do conselho, até que a emergência chega, até que a autopreservação bate o gongo, estas são as características que **constituem a continua repetição da história...**

E então, onde estamos em tudo isso? Eles alcançarão seu objetivo? O mundo alcançará? Estarão eles pensando que tudo passará? Será que estamos exagerando? Não, não estamos. É 1938, o Irã é a Alemanha e está na corrida para produzir armas nucleares.[5]

Como é possível que escolhamos, de novo e de novo, negar a realidade? Como é possível, como Churchill declara, que aquilo que foi tão claramente e tão obviamente ensinado pela história seja ignorado? E que o mesmo padrão se repita de novo e de novo? Por que a humanidade, individualmente e coletivamente, escolhe o conforto de uma mentira temporária, em vez de enfrentar corajosamente a verdade? Eu apresento várias razões por que preferimos negar, em vez de enfrentar a realidade.

---

[5] Discurso de Benjamin Naranyahu para a Assembleia Geral das Comunidades Judaicas Unidas, 13 de novembro de 2006.

MEDO

Em primeiro lugar, eu creio que uma das razões é estarmos apavorados. O medo é um poderoso motivador, é capaz de produzir reações poderosas.

Você se lembra de quando era criança e alguma coisa em seu quarto o assustava? O que você fazia? Você puxava as cobertas sobre a cabeça. Nada lá fora havia mudado, tudo que havia (ou não) no seu quarto continuava lá, mas você se sentia a salvo, porque estava dentro de seu casulo de cobertor, incapaz de ver o que o estava assustando.

Para Ester, o simples fato de fixar a face da trama de Hamã teria sido bastante assustador. Para nós, olhar genuinamente para a realidade dos planos dos modernos Almadinejad, Osama Bin Laden e outros senhores da guerra muçulmana nos é algo aterrador. Não é para tais assuntos que elegemos os políticos? Eles cuidarão de tudo, dizemos a nós mesmos, enquanto puxamos nossos cobertores e cobrimos nossas cabeças e voltamos a dormir.

Mas mamãe estava certa quando nos avisou que aquilo que não conhecemos pode (e, na verdade, na maioria das vezes o faz) nos ferir. Podemos ter toda razão, em termos naturais, de estarmos com medo: ele não é o antônimo de coragem, é também razão para tê-la.

É como afirma a máxima: "A coragem não é ausência de medo; mas, ao contrário, é a convicção de que há algo mais importante que o medo. Os bravos podem não viver para sempre, mas os cautelosos também não vão".

O que Ester precisava era apenas lembrar as promessas da aliança que Deus havia feito a seu Pai Abraão e a seus descendentes, para ver que havia muito mais razões para crer do que para temer. "Eu farei de ti uma grande nação... Abençoarei os que te abençoarem e amaldiçoarei os que te amaldiçoarem" (Gênesis 12.2-3).

Pela fé, somos herdeiros das mesmas bênçãos, razão pela qual somos exortados a lembrar-nos de que "Porque Deus não nos deu o espírito de temor, mas de fortaleza, e de amor, e de moderação" (2 Timóteo 1.7) e "Aquele que está em vós é maior do que aquele que está no mundo" (1 João 4.4b).

Como o servo de Elizeu, Geazi, em 2 Reis, capítulo 6, precisamos ter nossos olhos abertos, a fim de vermos o exército de Deus que está a nosso favor: "E o servo do homem de Deus se levantou muito cedo e saiu, e eis que um exército tinha cercado a cidade com cavalos e carros; então o seu servo lhe disse: Ai, meu senhor! Que faremos? E ele disse: Não temas; porque mais são os que estão conosco do que os que estão com eles. Orou Eliseu, e disse: SENHOR, peço-te que lhe abras os olhos, para que veja. E o SENHOR abriu os olhos do moço, e viu; e eis que o monte estava cheio de cavalos e carros de fogo, em redor de Eliseu". (2 Reis 6.15-17)

Por esse mesmo motivo, não precisamos temer, mas precisamos agir.

EGOÍSMO

A outra razão por que abraçamos a falsa e temporária realidade que a negação da verdade nos oferece é que, fundamentalmente, nós somos criaturas de hábito e somos egoístas. Escolher a realidade em vez de negá-la significa, muito provavelmente, que teremos que tomar alguma atitude. Inerente a aceitação da realidade está o chamado a ação, a assumir a responsabilidade pelo que agora viemos a compreender.

Mas isso requer o reajuste das prioridades. Significa que nosso tempo e nosso dinheiro necessitam ser utilizados de forma diferente. Nosso impulso em direção ao lazer e diversão terá de ser substituído por atitudes concentradas e decisivas.

As festas terão de ser substituídas por reuniões de oração. As viagens ao Havaí substituídas por viagens a Israel. Escolas Dominicais, cujas lições abordam tópicos como "O fruto do Espírito" ou "As Bem-Aventuranças", substituídas por temas controversos, como o estudo sobre o Oriente Médio. Implica escrever cartas aos editores de jornais e dar telefonemas aos nossos legisladores, em vez de simplesmente assistir a televisão. Significa sermos mais corajosos e questionadores em nossas conversas diárias. Significa também que as pessoas poderão não gostar de nós.

Eu não conheço um filme que retrata melhor a realidade *versus* a sua negação do que "Matrix". Em seu enredo, um pequeno grupo de pessoas descobre que alguns computadores extremamente avançados encontraram uma forma de dominar a raça humana completamente e a mantém cativa a uma realidade artificial. Os humanos estão completamente ignorantes quanto ao que está havendo, porque seus captores, os computadores, programam suas mentes e os alimentam com emoções sintéticas e experiências em seus cérebros que simulam uma "vida normal". Alguns poucos humanos escapam do cativeiro da "matrix" e dão início a luta pela libertação da raça humana daquela prisão da qual eles nem mesmo sabem que são prisioneiros.

Um dos humanos livres, no entanto, torna-se cansado da batalha. Constantemente perseguidos pelas máquinas, a batalha parece fadada ao fracasso, então ele está pronto para desistir.

No filme, ele procura o inimigo, o computador, e pede para ser "plugado de volta", ao extremo da negação da realidade. Ele sabe que está pedindo para voltar ao lugar que é completamente irreal, mas o sofrimento e a exaustão na batalha no mundo real desgastaram-no completamente, e ele simplesmente não se importa mais. Ele explica ao computador que prefere uma realidade falsa e confortável a extenuante e desagradável experiência de estar verdadeiramente vivo.

O computador lhe oferece para o jantar um "bife", que na verdade é uma simulação virtual; não é verdadeiro, mas parece-lhe completamente real, em função do quanto eles estimulam o cérebro dele.

O personagem revela sua escolha ao entrar na negação da realidade: "Você sabe, você sabe, eu sei que este bife não existe. Eu sei que, quando o coloco na boca, a Matrix diz ao meu cérebro que ele é suculento e delicioso. (Ele suspira). Após nove anos (lutando), sabe o que eu percebi? (Ele coloca o pedaço de carne na boca e suspira, enquanto o mastiga com os olhos fechados). Ignorância é felicidade"[6].

É duro escapar da negação e acatar a realidade que está aqui e se aproxima sutilmente. Aceitar a realidade coloca você e eu na inevitável responsabilidade de lutar. Reordena nossas prioridades e devasta nossas zonas de conforto. Mas, ao final do dia, a verdade ainda é o requisito para a liberdade (veja João 8.32).

AUTOENGANO

Quando se acrescenta a compreensível reação do medo à negação da realidade, o resultado é uma mortal combinação: o autoengano. O autoengano e a negação são similares em vários aspectos; porém há algumas diferenças sutis entre ambos, embora fundamentais, que precisamos entender.

Negação é a posição reacional que assumimos diante de notícias que queremos ignorar. Eu considero

---

[6]Matrix (1999)

esse mecanismo de defesa como "um safanão" – empurrar para o lado verdades que são inconvenientes e indesejáveis.

Mas, quando os problemas não desaparecem, não se resolvem e, na verdade, aumentam de volume até se tornarem evidentes, se continuamos a negá-los, então não somente ignoramos a realidade, como também (mesmo inconscientemente) começamos a criar uma nova realidade: não baseada na verdade; mas, em mentiras.

Em outras palavras, enquanto a negação da realidade é momentânea, uma recusa de encarar ou admitir a verdade, o autoengano, é uma longa prisão que podemos começar a construir para nós mesmos inconscientemente, mas intencionalmente. O apóstolo Paulo refere-se a essa ideia na carta aos Romanos:

> Porque as suas coisas invisíveis, desde a criação do mundo, tanto o seu eterno poder, como a sua divindade, se entendem, e claramente se vêem pelas coisas que estão criadas, para que eles fiquem inescusáveis; Porquanto, tendo conhecido a Deus, não o glorificaram como Deus, nem lhe deram graças, antes em seus discursos se desvaneceram, e o seu coração insensato se obscureceu. Dizendo-se sábios, tornaram-se loucos. (Romanos 1.20-22)

A Bíblia nos ensina neste texto que Deus fez com que a verdade seja pura e simples. Mas, quando não estamos dispostos a conhecê-la, há três consequências subsequentes:

1. Tornamo-nos "vaidosos em nossa imaginação". Em outras palavras, abrimos nossa mente para uma miríade de pensamentos que não são fundamentados na verdade. Pensamentos e ideias fluem e afluem sem que tenham sido desafiados pelo teste *litmus* da verdade.

2. Nossos corações tornam-se "obscurecidos". O círculo se fecha sobre si mesmo. A consequência inerente ao fato de não receber e andar na luz é que receberemos até menos entendimento do que o que comumente possuímos.

3. Terminamos ficando tolos. Desvinculados de Deus, da verdade e da própria realidade, nós nos tornamos um estorvo para nossas mentes, empertigados em nossas "novas roupagens", escorados em nossas falsas convicções por aqueles que são tão perversos, amedrontados e desiludidos quanto nós.

AS CONSEQUÊNCIAS DA NEGAÇÃO

Ester ouviu o aviso de Mordecai, mas sua reação inicial foi negar qualquer nível de responsabilidade que ela pudesse ter sobre o problema. Deixe-me recordá-lo da cena:

> Veio, pois, Hatá e fez saber a Ester as palavras de Mordecai. Então falou Ester a Hatá, mandando-o dizer a Mordecai: Todos os servos do rei, e o povo das províncias do rei, bem

sabem que todo o homem ou mulher que chegar ao rei no pátio interior, sem ser chamado, não há senão uma sentença, a de morte, salvo se o rei estender para ele o cetro de ouro, para que viva; e eu nestes trinta dias não tenho sido chamada para ir ao rei. (Ester 4.9-11)

Em outras palavras: "Mordecai, eu ouvi o que você disse, mas não posso me envolver. Minha vida poderia ser posta em perigo". E, na negação clássica, Ester recusou-se a entender que a vida dela e de todo o seu povo já estava correndo grave perigo.

E o mesmo acontece nos dias atuais. Se nós somos a Igreja, a noiva do Grande Rei, e se estamos desfrutando do palácio de Seu favor, qual é a nossa resposta à mensagem de Mordecai? O que está realmente acontecendo na Igreja Cristã Ocidental?

Gene Edward Veith faz um comentário perspicaz em seu artigo "Caçadores de Mudanças": Pesquisa revela uma nação na caça espiritual: "A despeito do movimento de crescimento da igreja e da proliferação das mega-igrejas, o cristianismo evangélico está perdendo terreno... Enfrentar honestamente o problema poderá trazer o cristianismo ocidental a uma maturidade espiritual que poderia reverter o quadro"[7]. Observou a linguagem?

"Enfrentar honestamente o problema". Não negar o problema, mas enfrentá-lo.

---

[7] Edward Veith, "Caçadores de Mudanças", Abril de 2008. World Magazine.

Para o Reino Unido, muitos estão conjecturando se já não será muito tarde. De acordo com o Bispo Michael Nazir-Ali, o Islamismo radical está preenchendo um vazio criado pelo declínio do cristianismo. Ele assevera que a revolução social e sexual de 1960 conduziu a uma íngreme decadência na influência do cristianismo sobre a sociedade, uma transformação a qual os líderes da igreja fracassaram em resistir.

> Foi esta situação que criou o vácuo moral e espiritual dentro do qual nos encontramos. Enquanto o consenso cristão era dissolvido, nada mais foi colocado no lugar", *disse o Bispo Nazir-Ali em uma entrevista em maio de 2008. O Bispo, que sofreu ameaças de morte quando falou tais palavras a respeito dos britânicos e tornou-se "persona non grata" para alguns não--muçulmanos, disse:* "Estamos sendo confrontados por outra ideologia igualmente séria, que é o islamismo radical, o qual reivindica ser aceito nesse âmbito. As consequências da perda desse discurso estão aí para que todos vejam: a destruição da família em função da alegada similaridade das diferentes formas de união; a perda da figura paterna, especialmente para os meninos, porque a função dos pais é considerada ociosa; o abuso de substâncias (incluindo o álcool); a perda do respeito pela pessoa humana, levando a horrendos e insanos ataques as pessoas.[8]

---

[8]Martin Becktord: "Bispo Michael Nazir_Ali": Islam Radical está preenchendo a vaga deixada pelo colapso do cristianismo no Reino Unido. Telegraph.co.uk 29 de maio de 2008.

Essa situação na Grã-Bretanha era desconhecida até que o arcebispo de Canterbury fez a surpreendente declaração de que a Inglaterra Cristã, a terra de Whitefield, Wesley e Spurgeon, eventualmente seria obrigada a aceitar a realidade da lei islâmica da Shari'a.

Quanto tempo antes disso será considerado tarde demais para nós? Optamos por negar que as virtudes cristãs de reverência, generosidade e confiabilidade estão sendo substituídas por autossatisfação e atitudes egoístas. Nossa negativa a respeito do que está acontecendo na Igreja (ou seria melhor dizer o que não está acontecendo na Igreja) e nossa recusa em buscar uma mudança urgente estão gerando um círculo vicioso.

Quanto menos assumirmos a responsabilidade pelo estabelecimento de uma realidade piedosa, mais os inimigos da verdade avançarão em sua determinação de defini-la para nós.

A triste verdade, nos dias de Ester, na Alemanha de Hitler e em nossos dias, é que o mal existe, e o mal avança onde não é confrontado e desarmado.

Hoje, mais de oitenta anos após a vaidade de Hitler ser ignorada, e de o mundo todo, em particular o povo judeu, pagar um preço colossal, os Hamás atuais estão divulgando seu convencimento, ameaçando a sociedade livre com a extinção de tudo o que ficar no caminho de sua visão do mundo unido sob o Islã radical.

Atualmente, uma geração após nossos pais e avós terem lutado e morrido numa guerra mundial para que nós pudéssemos continuar desfrutando da democracia, que nos concede a liberdade de religião, estamos sacrificando nossa liberdade no altar de nossa própria apatia.

    Ester não queria pensar nas ameaças urgentes de Hamã. Era mais fácil esquecê-las. Chamberlain não queria admitir a declarada intenção de Hitler de dominar completamente toda a Europa. Era mais fácil pacificar. A igreja na Europa não queria se envolver em um assunto político que não parecia "espiritual" ou que estava fora do contexto da responsabilidade religiosa. Era bem mais simples racionalizá-lo.

    Vários judeus na Alemanha e Europa recusavam-se a admitir o aumento do antissemitismo ao seu redor, mesmo quando se tornou violento. Era mais cômodo ignorá-lo. É mais fácil negá-lo – até que não possa mais ser negado.

    E, então, será tarde demais.

CAPÍTULO 5
O CLAMOR DE MORDECAI

Dez pessoas que falam fazem mais barulho do que mil que ficam em silêncio.

Napoleão

Havia alguém na vida de Ester que não ignorava a urgência do momento. Alguém que estava plenamente alerta em relação à destruição iminente e resolutamente determinado a fazer tudo o que estivesse em sua condição a fim de impedi-la. Ele era uma voz perturbadora, que discernia claramente a situação e que se tornou uma trombeta a despertar Ester para que ela agisse.

Observa-se frequentemente que o livro de Ester não fez uma única menção ao nome de Deus. Deus – Sua Presença, milagres, mensageiros angelicais e maravilhas sobrenaturais são estranhamente ausentes desta que é uma das maiores narrativas épicas.

Parece curioso que milagres sejam tão comuns e a presença de anjos tão disponíveis em outras histórias de muito menos implicação que a de Ester. Sejamos honestos – o que está em questão nesta narrativa é a sobrevivência do povo judeu. A cura de uma lepra ou a ressurreição de crianças não é mais importante que isso.

Estamos falando da sobrevivência ou extinção de uma nação inteira.

Onde está Deus?

Onde estão Seus anjos?

Onde estão Seus milagres?

Onde está Sua voz falando do Céu?

Estaria Deus querendo nos ensinar uma importante lição? Estaria Ele chamando-nos a entender que há momentos em que Ele é que está esperando que nós tomemos atitude a fim de nos proteger?

Deus está bastante presente na história de Ester, mas de forma invisível. Ele está presente ao coloca-la no momento certo da história, no lugar certo e na hora certa, a ponto de ser escolhida para o harém do rei. É Ele quem dá a ela favor e sabedoria. Sua presença é evidenciada ao ordenar os eventos de tal forma que o rei Assuero é lembrado da lealdade de Mordecai para com ele, para desgosto de Hamã (falarei mais sobre isso no capítulo onze). Deus está lá, mas Ele se move de forma sobrenaturalmente natural, confiando que as pessoas andarão em Seu propósito.

Deus está bem presente também na voz e na pessoa de Mordecai. De várias maneiras, Mordecai de fato é a figura central da história, apesar de a ênfase, nos dias atuais, recair sobre Ester. Mas é o fiel Mordecai que virtuosamente adota sua sobrinha órfã. O sábio Mordecai é quem aconselha e instrui Ester sobre como se comportar. O justo Mordecai é quem se recusa a se prostrar em adoração perante um homem. Mordecai, de alguma maneira, está sempre em cena, mas nunca no centro dela. Ele está sempre presente, mas nunca dominante.

Sem Mordecai, certamente não haveria Ester. Sua voz penetrante, persistente e implacável despertou-a a ser mais do que ela se considerava capaz de ser; desafiou-a a reconhecer a realidade de sua situação e a agir com santa ousadia.

Eu creio que Mordecai é a figura do Espírito Santo, a Testemunha interior, Guia e Consolador de nossos corações. Cada um de nós, quando buscamos a Deus, podemos experimentar o som despertador de Sua voz, Sua orientação em nossos corações. De um modo muito real, Mordecai se torna a voz do Espírito Santo para Ester, pairando sobre ela e assistindo-a, desde sua mais tenra idade até agora, quando ele tenta desesperadamente enviar-lhe uma palavra no palácio e, ironicamente, quando um tempo difícil está chegando.

Quão fácil é confiar no Espírito Santo, quando estamos dolorosamente conscientes de nossa carência e necessidade. Quão rapidamente corremos para Ele buscando obter alívio, esperança e benefício. Mas quão rapidamente Sua suave voz é perdida, uma vez que Seu conselho nos conduz para fora do lugar da benção. Esta é a prova enfrentada por Ester e esta é a prova que nós enfrentamos. Seremos ainda capazes de ouvir a voz de Mordecai por entre os densos muros do palácio do sucesso?

A voz de Deus será capaz de penetrar a zona de conforto para o qual Sua direção nos conduziu? Será que nos lembraremos de nosso Guardião, de nosso Consolador, ou Seu conselho agora nos parece, de algum modo infantil e desprovido de sofisticação? Será Ele a voz que emerge do nosso passado a ser tolerada como uma doce lembrança, mas que já não é mais levada a sério?

Ester enfrentou o teste que comprovaria se ela iria ou não ouvir e responder ao Clamor de Mordecai. Mas, Mordecai também passou por um teste que avaliaria se ele seria capaz de falar alto o suficiente, forte o bastante, com clareza e pelo tempo que fosse necessário para ser ouvido.

CONDIÇÕES DIFÍCEIS

Mordecai lutava contra as condições contrárias e difíceis, quando estas vieram a penetrar a zona de conforto de sua sobrinha. Apesar de sua mensagem ser de extrema importância, ele enfrentou um tempo árduo até conseguir fazer Ester entender que ela era a única pessoa que poderia salvar seu povo da aniquilação.

Primeiramente, ele teve de combater os mecanismos de defesa, de distração e de negação que Ester estava usando. Depois, salientar a nefasta realidade diante dela. "E eu rogarei ao Pai, e ele vos dará outro Consolador, para que fique convosco para sempre; O Espírito da verdade, que o mundo não pode receber, porque não o vê nem o conhece; mas vós o conheceis, porque habita convosco, e estará em vós. Não vos deixarei órfãos; voltarei para vós" (João 14.16-18).

Mordecai entrou na vida de Ester após a morte dos pais dela. Ele a consolou, a amou e a criou da melhor maneira possível. Não há dúvidas de que ele a protegeu e sustentou. Estou certo de que, com o tempo, ela passou a confiar nele e a valorizar profundamente os seus conselhos. Ainda assim, quando ela veio a ser a mulher mais poderosa do mundo conhecido, sua resposta a voz de Mordecai tornou-se um tanto rude, certamente devido em parte à complexidade de sua nova vida.

Com que frequência você supõe que o Espírito Santo procura passar uma mensagem urgente e grave para nós, enquanto estamos demasiadamente distraídos, absortos na negação, incapazes de perceber e ouvir a Sua voz? Quão frequentemente nos recusamos a reconhecer a constante e suave voz que tenta conseguir nossa atenção?

Numa escala ampla, quantas vezes lemos as manchetes que contrariam tudo aquilo em que cremos e mudamos rapidamente a página ou o canal da TV?

Quantas vezes vemos as imagens de bombas explodindo em lugares onde os terroristas sabem que há judeus e turistas e ficamos indiferentes? Quantas vezes temos ouvido sobre conflitos entre israelenses e palestinos e repudiamos a situação, considerando-a como uma rixa recíproca entre duas partes igualmente responsáveis, em vez de investigar as causas subjacentes para este levante contínuo? Em cada uma das décadas de sua existência, o Estado de Israel foi ameaçado ou atacado militarmente.

Como é concebível que Ester não tenha se dado conta de que a sobrevivência de seu povo significava a sua própria sobrevivência? Como não conseguimos compreender que a batalha de Israel é nossa própria batalha? E de que hoje, de mil maneiras, a voz de Mordecai, como a voz do Espírito Santo, conclama-nos a sermos uma influência, um alarme, uma força enquanto ainda temos chance?

A mensagem de Mordecai não era uma mensagem confortável. Ela não era animadora, conveniente ou fácil de ouvir. Do mesmo modo, a voz do Espírito Santo falando a Sua Igreja hoje não é muito popular. Conforme indicado pelo próprio Jesus, Sua mensagem é para aqueles que tem "ouvidos para ouvir". Em ambas as mensagens é comum ouvir palavras e, ainda assim, não ser movido por elas.

ISRAEL - O CLAMOR DO ESPÍRITO

Uma das principais maneiras de a "voz de Mordecai", que é a voz do Espírito Santo, falar à "Ester", que é a Igreja de hoje, é por meio da figura profética da terra e do povo da aliança de Deus – Israel – pelo seu nascimento, sua existência e suas batalhas atuais.

Para muitos de nós, Israel é um país estrangeiro que está desvinculado da nossa realidade, tanto porque somos cristãos e ocidentais, quanto porque Israel pertence ao Oriente Médio. Os judeus, em sua grande maioria, não aceitaram a Jesus, e o Estado secular de Israel parece muito longe e bastante desconectado do nosso meio social. Esses conceitos podem produzir em nós sentimentos de sermos apartados da terra e do povo ao qual Deus chama de Seu povo.

E, no entanto, nós somos aqueles que foram "enxertados" nas alianças de Deus com o povo judeu, pela fé (Veja Romanos 11.18-20).

Paulo declara claramente que "Deus não rejeitou o Seu povo (Israel) a quem de antemão conheceu" (Romanos 11.2a). E, se de fato cremos que Jesus voltará para a cidade de Jerusalém, então certamente devemos ter um senso de identificação e de preocupação pelo lugar de Sua paixão, Sua ressurreição e Sua segunda vinda.

A reunião do povo judeu na terra de seus pais é uma das principais promessas proféticas de toda a Escritura. Dúzias de vezes, através de todo o Antigo Testamento, Deus declara que haverá um dia em que

Israel será ajuntado de todas as nações e levado de volta à sua terra natal.

Amados, de que outro modo Deus poderia falar mais alto e mais claro do que – em nossos dias, diante dos olhos das nações e das cinzas do Holocausto – trazendo de volta Seu povo escolhido a sua Terra Prometida? Não é esta a voz de Mordecai chamando a nós hoje: "Estejam alerta! Prestem atenção! Vocês estão vivendo em tempos proféticos... vocês são parte de uma geração profética"?

Quando Ester chegou ao palácio, ela se sentiu salva e segura. Tudo a sua volta fazia-a sentir-se completamente à vontade. Da mesma forma, a Igreja confortável do Ocidente parece exibir um presunçoso triunfalismo que a afeta (ou infecta-a), baseado em uma teologia pobre e em uma ignorância histórica, além de uma franca refutação ou negação da existência de uma crise em relação ao futuro do cristianismo em face do *jihad*.

Argumentações com textos bíblicos, tais como: "... Eu edificarei a minha igreja, e as portas do inferno não prevalecerão contra ela" (Mateus 16.18b) são apresentados a fim de convencer-nos de que o Ocidente é, por algum a razão, imune à perseguição e ao martírio que avança rapidamente contra nós e que, pela espada do Islá, está agora mesmo prevalecendo contra nossos irmãos em todo o mundo. Facilmente nos esquecemos de que há lugares onde o cristianismo uma vez floresceu, constituindo-se como a esmagadora maioria (tal como Turquia, onde os primeiros apóstolos fundaram as sete igrejas mencionadas no livro do Apocalipse), mas que hoje é onde o Islã está em ascendência.

Biblicamente sabemos que sempre haverá uma expressão pura e verdadeiramente triunfante de Sua igreja na terra. Esta, contudo, é a Igreja d'Ele e não, a nossa igreja conforme a temos designado e queremos que ela seja. Não é a nossa zona de conforto cultural que Deus prometeu preservar em nossos programas religiosos ou nossas grandes construções. Ao contrário, Ele prometeu um dia de prestação de contas.

> Vede que não rejeiteis ao que fala; porque, se não escaparam aqueles que rejeitaram o que na terra os advertia, muito menos nós, se nos desviarmos daquele que é dos céus; A voz do qual moveu então a terra, mas agora anunciou, dizendo: Ainda uma vez comoverei, não só a terra, senão também o céu. E esta palavra: Ainda uma vez, mostra a mudança das coisas móveis, como coisas feitas, para que as imóveis permaneçam. Por isso, tendo recebido um reino que não pode ser abalado, retenhamos a graça, pela qual sirvamos a Deus agradavelmente, com reverência e piedade; Porque o nosso Deus é um fogo consumidor. (Hebreus 12.25-29)

Você pode ouvir a mensagem de Mordecai para hoje contida nesses versos? "Vede que não rejeiteis ao que fala..." (Hebreus 12.25). Não era isso exatamente o que Ester estava fazendo? Ela estava resistindo a voz daquele que cuidou dela, sustentou-a e a criou. Agora a voz dele era inoportuna, perturbadora e até mesmo radical em sua natureza. Certamente, o velho estava exagerando, naturalmente as coisas não eram tão ruins assim! Deus nos prometeu que o tempo de abalar está chegando... quando tudo o que não estiver fundamentado e construído sobre a Rocha será abalado. A fim de cumprir seu destino, eu creio que a Igreja Ocidental precisa despertar do conto de fadas que sugere "Está tudo bem com o mundo", e se colocar na posição que ela foi chamada a ocupar nesta hora. E, para definir nossa estratégia para a batalha, devemos ouvir o Espírito Santo e olhar para Israel.

Se Mordecai fosse vivo hoje, creio que ele nos desafiaria a contemplar as três áreas nas quais o povo de Israel se empenha nas linhas de frente da batalha pela fé, pela liberdade e pelo futuro da humanidade.

1. ESPIRITUALMENTE

Aqueles que se consideram cristãos, mas negam ao povo judeu seu lugar no coração de Deus, estão sujeitos ao mais turbulento despertar. Considerar a ideia de que a aliança de Deus com Seu povo de alguma forma é agora espiritualmente obsoleta é no mínimo um erro e, o que é pior, uma heresia.

As misericórdias de Deus e sua aliança conosco são simplesmente o reflexo e a continuação de Sua aliança com Abraão, Isaque e Jacó. E, se Deus não mantiver Sua aliança com Israel, que obrigação Ele terá de mantê-la conosco – a oliveira brava enxertada na raiz da fé pertencente a eles (Veja Romanos 11.17)?

É imperativo que todos que se tornaram participantes do legado permanente da fidelidade de Deus para com a humanidade honrem aqueles por meio dos quais Ele tem demonstrado essa fidelidade. Nós conhecemos a Deus porque, ao longo de séculos de perseguição, o povo judeu continua acendendo as velas do shabat semana após semana, mantendo a viva chama da presença do Senhor sobre a terra.

Somos devedores ao povo judeu por conservarem, em exílio após exílio, sua esperança nas promessas da aliança com Deus. Podemos expressar nossa gratidão e honra a eles amando-os, importando-nos com eles e permanecendo ao lado do povo de Deus. Referindo-se a essa mesma questão, a Carta de Paulo aos Romanos nos instrui a: "...Se os gentios têm sido participantes das bênçãos espirituais dos judeus, devem também compartilhar com eles suas bênçãos materiais" (Romanos 15.27).

Considere essa direção de Deus dada no livro de Isaías: "Ó Jerusalém, sobre os teus muros pus guardas, que todo o dia e toda a noite jamais se calarão; ó vós, os que fazeis lembrar ao SENHOR, não haja descanso em vós, Nem deis a ele descanso, até que confirme, e até que ponha a Jerusalém por louvor na terra". (Isaías 62.6-7)

Deixe-me perguntar-lhe o seguinte: Você tem clamado o nome do Senhor para receber cura, consolo e sua própria salvação? Para aqueles de nós que responderam "sim", temos então a obrigação de também clamar a Ele para que estabeleça Jerusalém. O texto não diz: "Vocês, judeus, que clamam pelo nome do Senhor..." ou "Vocês que receberam um peso espiritual por Israel, clamem ao Senhor..." Não. Todos aqueles que chamam ao Senhor devem também buscar o bem de Jerusalém.

2. FISICAMENTE

É difícil para os ocidentais imaginar o tipo de terror que invade a cultura israelense em consequência de estar sob o constante ataque dos extremistas islâmicos. É suficiente dizer que aqueles que vivem em Israel não tem o luxo de poder separar a espiritualidade de sua vida diária.

Ponha-se no lugar deles: você mora na Terra Santa, mas, quando entra no ônibus a cada manhã, precisa ter a esperança de que nenhum militante suicida tenha escolhido aquele ônibus, naquela manhã, para explodir-se e matar alguns judeus a fim de ganhar a entrada no suposto paraíso das setenta virgens.

Por várias ocasiões, tenho tido um confronto secular, não-religioso, em conversas com judeus que me fazem a desconcertante pergunta para a qual eu ainda não tenho resposta:

"Robert", eles dizem, *"Belém, o lugar do nascimento daquele que vocês chamam Seu Salvador, foi por 2.000 anos uma cidade cristã pertencente ao território de Israel. Sempre tivemos segurança, paz e cooperação com os cristãos*

que vivem em Belém. Agora, há apenas dez anos, Belém deixou de ser noventa por cento cristã, para menos de dez por cento. Hoje, noventa por cento ou mais da população da cidade que vocês chamam de o berço de sua fé foi entregue aos muçulmanos, que tem expulsado os cristãos pelo medo, intimidação, devastação e frequente violência explícita. Portanto, agora para nós, israelitas, as linhas de frente do Islã estão muito mais próximas."

"Como é possível", eles me perguntam, "que vocês cristãos, depois de 2.000 anos de celebração da vida de Jesus naquela cidade, importem-se tão pouco pelo lugar do nascimento d'Ele, que estejam prontos a abrir mão dela para os muçulmanos sem pensar duas vezes?".

E eu não tenho nenhuma resposta para eles. Eu não sei como isto é possível. Como pode acontecer que nós tenhamos divorciado completamente o espiritual do natural: "o que queremos dizer" de "o que queremos fazer?". E, se o povo judeu hoje faz essa pergunta, não estaria também nosso Salvador (um rabi judeu) indagando admirado a mesma coisa?

Quando as linhas de frente da batalha estarão próximas o bastante para nos mover a ação? O que mais precisaremos perder, a fim de perceber o que já foi roubado de nós? Quando compreenderemos que a "pequena cidade de Belém" não é meramente uma canção de natal, mas uma cidade sitiada?

A realidade é a mesma em relação a Israel. Quando nós combatemos com a questão e o enigma de

Israel, o processo confronta-nos e provoca a segurança de nossa zona de conforto, demandando uma resposta. Em Israel, a fé espiritual não pode ser separada das ações pragmáticas.

3. IDEOLOGICAMENTE

Seja qual for o grau de segurança que desfrutamos no mundo ocidental em relação à crescente onda de militantes muçulmanos, nós a devemos, em grande parte, ao heroísmo dos israelenses que vivem nas linhas de frente desta batalha existencial pela civilização ocidental. Não estou falando unicamente em termos militares. A determinação de Israel em permanecer uma democracia em meio a um mar de vinte e dois estados islâmicos hostis – especialmente quando, do ponto de vista demográfico, seu futuro é ameaçado diariamente – constitui uma demonstração maciça de nobreza e coragem.

Israel, como qualquer outra nação, não é perfeita. Ela tem suas fraquezas e falhas. Mas não há dúvidas de que, sob qualquer padrão de moral, ela está inequivocamente posicionada ao lado de tudo o que nós consideramos honrável. Se você não concorda com isso, está desinformado. Também não existem dúvidas de que, ao permanecer ao lado do que é direito, Israel tornou-se o muro de proteção que suporta o choque do crescimento dos ataques do *jihad* islâmico contra nossos valores e estilo de vida.

E, contudo, parece que a maioria das igrejas cristãs (talvez devido a já mencionada mentalidade de triunfalismo) permanece indiferente e alheia a luta de Israel. Escolhemos ignorar a realidade da aproximação do perigo (já que você vai de carro ao trabalho, em vez de pegar o ônibus em Israel e que você provavelmente não seja judeu) e estamos satisfeitos em deixar que outra pessoa – Israel – guarde o muro, seja o muro que protege a todos nós.

As exceções (como o Dia Mundial de oração pela paz em Jerusalém e Cristãos Unidos por Israel) não estão perto o suficiente para uma resposta a urgente hora. Um Irã nuclear, conduzido por um maníaco Hitler dos dias modernos, organizações sanguinárias como al-Qaeda, Hezbollah e Hamas, que alegremente oferecem o sangue de seus filhos como sacrifício para assassinar civis israelenses, são apenas uma pequena visão dos poderes demoníacos ordenados contra Israel (e contra você) neste exato momento.

Eu convido você a ouvir o clamor de Mordecai agora, antes que seja tarde; a se dar conta de que a batalha de Israel é a sua batalha. A causa de Israel é a sua sobrevivência. Comece a pesquisar e a comprometer sua mente, seu coração e seu espírito. Você descobrirá que seu conforto está se diluindo e mudará suas prioridades.

Quando você começar a debater as questões de Israel, do mesmo modo que no passado Israel debateu com Deus, as coisas começarão a acontecer em sua vida. À semelhança de Jacó, você será transformado no processo e talvez coxeie ligeiramente, mas também receberá uma nova e inabalável identidade.

Mova-se da posição de espectador para a de guarda alerta e desperto sobre os muros de Jerusalém. Ouça a voz do Confortador chamando-lhe para o sagrado desconforto.

UM CLAMOR AGUDO

A crise esclarece. Colocando de forma simples, esta é a única coisa em que eu consigo pensar que é capaz de trazer um indivíduo ou um grupo de pessoas até o ponto em que eles possam ver com absoluta clareza e ouvir distintamente os Mordecais em suas vidas. As crises trazem clareza, porque nos forçam a escolher (e a agir a respeito) do que queremos.

Quando não existe ameaça – nenhum perigo presente – nós baixamos a guarda, contentes com o status quo. Nesse tipo de clima, nossos sentidos se embotam e perdemos o senso de propósito que Deus implantou em todos nós. Minha observação é que é necessário algum tipo de calamidade para despertar as pessoas e tirá-las do torpor, trazendo-as a um ponto onde possam recuperar o senso de direção. A igreja no ocidente está enfrentando uma crise que, eu creio, irá levá-la a questionar quem ela é, em que crê e para onde irá nos dias vindouros.

Temos a opção de desistir. Ou poderíamos permitir que a crise, que vemos em nossa nação e nas nações da terra, mova-nos em direção a uma decisão inabalável de crer nas promessas de Deus para nós, para Israel e para as nações. E, dessa posição de fé, vencer a inevitável batalha que se aproxima.

Se você está enfrentando crises pessoais ou se você simplesmente está consciente em relação a urgente situação do povo de Deus neste momento, eu o encorajo: *Deus está lhe dando a oportunidade de ser parte da maior vitória de todos os tempos! Se você escolhe crer que o Deus de Israel virá no ápice de toda crise, estou convicto de que você começará a orar em fé pela paz de Jerusalém como nunca orou antes.*

Permita que Mordecai, o Espírito Santo, entre em sua zona de conforto com Seu conselho e as palavras da verdade. Nesta hora de crise, que você possa ser achado no lado que permanece em fé, em oração e permanece com o Deus de Israel.

CAPÍTULO 6
A TRANSFORMAÇÃO DE ESTER

Todos pensam em mudar o mundo, mas ninguém pensa em mudar a si mesmo.
Leo Tolstoy

Muitos de nós se lembram das aulas de ciências e dos trabalhos do currículo escolar que consistiam em observar a metamorfose das lagartas em borboletas. As crianças percorriam o pátio procurando por lagartas e traziam-nas para as salas de aula. Dali em diante, cuidavam delas, colocando-as em um recipiente e alimentando-as com folhas durante algumas semanas. Eventualmente, esses insetos cobertos de pó de folhas e pequenos fiapos de lã, enclausuravam-se em minúsculos feixes e a espera começava. Uma manhã, quando você chegava a escola, encontrava os casulos sendo rompidos e criaturas brilhantes e com asas emergiam e saiam voando.

A transformação é um poderoso fenômeno. As pessoas são capazes de mudar? Se sim, de que maneira? Como somos transformados realmente e fundamentalmente como seres humanos? Estaremos para sempre enclausurados em algum padrão natural, alimentado em nós desde a infância? Ou seremos capazes de ver uma nova realidade criada em nossas vidas?

Neste ponto, você provavelmente está pensando: Por que ele está falando sobre transformação? Que transformação Ester sofreu? Para começar, ela já era linda! Certamente ela mergulhou em óleos e especiarias durante um ano; mas, convenhamos, aquilo funcionou apenas para embelezar o lírio.

Porém, a mais profunda transformação de Ester não se deu no seu exterior, mas em seu interior. Não se trata do que está acontecendo na superfície; ao contrário, trata-se do que estava abaixo dela que constituiu a genuína metamorfose. De menina órfã subserviente e intimidada ao envolvimento em espionagem política para salvar seu povo do genocídio, Ester transforma-se da noiva insegura em salvadora estratégica.

A QUERIDINHA DA PÉRSIA

Tanto quanto nos é possível afirmar, Ester era uma garota inteligente e bem-educada. Isso se revela em suas atitudes desde a primeira convocação para apresentar-se diante do rei. Ela possuía uma dose de autocontrole de que as outras jovens careciam e uma força de caráter que a ajudava a permanecer fiel a si mesma. Ela era madura para a sua idade e fez escolhas que lhe permitiram exceder para além da competição de cada ocasião. Não há dúvida de que tudo isso foi devido a educação que Ester recebeu de seu tio Mordecai.

Eu gosto do retrato deste relacionamento pintado pelas Escrituras. Parece haver um elo entre esses dois parentes que nem mesmo pais biológicos compartilham com seus filhos naturais. As Escrituras não nos dão nenhuma indicação de que Mordecai tenha se casado alguma vez, então, provavelmente, não teve filhos naturais também.

Podemos presumir que Mordecai investiu toda a sua energia e atenção em "sua" garotinha. Enquanto ele dedicava toda a sua afeição paternal a solitária criança, ele a via crescer e se transformar em uma amável jovem que conquistava a simpatia de todos que a viam, não apenas pela beleza exterior quanto pela interior.

Quão orgulhoso ele deve ter ficado de sua Ester! O cuidado com que Mordecai criou Ester não acabou quando ela se tornou adulta. As Escrituras afirmam que, mesmo depois que ela foi morar no palácio, "passava Mordecai todos os dias diante do átrio da casa das mulheres, para se informar de como passava Ester e do que lhe sucederia" (Ester 2.1).

Sim, Mordecai fez um bom trabalho. Ele criou uma excelente garota — a melhor de todo o reino, alguém poderia afirmar. Ela era tão gentil, tão obediente que, na verdade, Ester seguiu as instruções de seu tio, mesmo quando já estava por sua própria conta.

> "Ester, porém, não declarava a sua parentela e o seu povo, como Mordecai lhe ordenara; porque Ester cumpria o mandado de Mordecai, como quando a criara".
> (Ester 2.20)

No entanto, este relacionamento estava para ser testado ao extremo. Nos poucos anos de sua jovem existência, Ester alcançou o que poucos, antes e depois dela, seriam capazes de alcançar. Ela triunfou excepcionalmente, porque sempre agiu de forma correta. Não havia nenhuma impertinência, nenhum acordo nem elogio insincero ou negociação que pudesse prejudicar sua legendária ascensão ao pináculo do favor sobre o qual ela se encontrava agora.

Ela havia ouvido. Ela tinha obedecido. Ela fez tudo o que lhe fora pedido que fizesse e o fez com excepcional equilíbrio, graça e honra. E, a cada vez que o fez, foi recompensada em abundância pelo Deus dos céus, que não reteve nada que fosse o desejo mais íntimo do coração dela.

Então, exatamente quando Ester não tinha dúvidas de que tudo terminara de forma perfeita (como frequentemente ocorre em nossa vida, quando acreditamos que finalmente tudo está bem), algo imprevisto, sem precedentes e extremamente imperfeito atravessa seu caminho.

    Ester é informada sobre uma trama para destruir seu povo. Sabemos que Ester entendeu a severidade da ameaça, porque lemos que, após ouvir a notícia, "a rainha contorceu-se em grande angústia" (Ester 4.4). Contudo, o que é igualmente evidente é que ela se recusou a lidar com a situação. Em vez de unir-se a Mordecai vestindo-se de pano de saco, ela envia ao tio novas e elegantes vestimentas para que ele usasse, em vez daquelas vestes de luto. A esse tempo, Ester já estava acostumada aos trajes finos. Terá ela acreditado que um novo vestuário expulsaria para longe as más notícias? Aquele mesmo mecanismo de autodefesa e negação ainda estava agindo escondendo-a da realidade que ela desejava ignorar.

    Mordecai recusou as roupas, não se permitindo ser consolado pelo gesto de sua sobrinha. Então, Ester decidiu investigar os fatos e enviou alguém para ouvir Mordecai e receber a resposta que ela temia aceitar. Seu mais amado conselheiro, a única voz que ela sempre conheceu e na qual confiou, agora lhe sugeria que ela se apresentasse diante do rei para suplicar em favor de seu povo.

    O que nós fazemos, quando a voz do Espírito Santo, que tem nos conduzido gentilmente aos pastos verdejantes, repentinamente nos chama às aterradoras alturas da montanha ou as densas, escuras e impenetráveis profundezas do vale? O que você faz, quando a voz firme de Deus de repente não faz sentido? Quando a Voz, que sempre o manteve seguro, agora lhe diz para fazer algo lhe parece extremamente perigoso?

Ester sabia exatamente o que estava sendo pedido a ela por Mordecai, ela sabia (em sua mente) exatamente por que aquilo não daria certo. Quando o plano lhe foi apresentado, ela lembrou-lhe da lei da província, como se ele não conhecesse bem os termos: "Todos os servos do rei, e o povo das províncias do rei, bem sabem que todo o homem ou mulher que chegar ao rei no pátio interior, sem ser chamado, não há senão uma sentença, a de morte, salvo se o rei estender para ele o cetro de ouro, para que viva; e eu nestes trinta dias não tenho sido chamada para ir ao rei". (Ester 4.11)

Ester era realista. Ela sabia qual era seu domínio e que sua função na vida do rei não envolvia consultoria política. Abordar o rei diante da corte e pedir-lhe a revogação de uma lei vantajosa para o tesouro real estava longe de ser uma atitude inteligente da parte dela.

Ali não era o quarto de dormir, era a sala do trono. Colocando de forma simples, ela estava fora de sua atribuição. Pela primeira vez, o conselho e a orientação de Mordecai pareceram-lhe absurdos e insensatos.

NEGÓCIO ARRISCADO

Pela primeira vez em sua vida, Ester, a "boa menina", que havia alcançado o sucesso ouvindo seu tio Mordecai, ficou confusa. O problema não era que ela não estivesse disposta a fazer a coisa certa; o problema era que, naquela ocasião, o que era certo lhe parecia claramente errado e imprudente. Agora realmente havia risco envolvido, ela tinha algo a perder.

Após uma vida inteira sendo aprovada em cada teste e conquistando a amizade de todos a sua volta, Ester viu-se obrigada a uma guinada de cento e oitenta graus e a dar o passo "insensato" definitivo. Tudo isso era exacerbado por um insignificante detalhe: Ester jamais quebrara as regras antes.

Tudo o que Mordecai até então lhe havia dito para fazer tinha sentido. Fazia sentido manter sua identidade judaica em segredo; fazia sentido se comportar com respeito e decoro entre os estranhos. Foi razoável levar consigo para a primeira noite com o rei somente o que Hagai, o eunuco, havia lhe aconselhado.

Contudo, não fazia sentido desafiar a lei comparecendo perante o rei, sem ter sido convocada ou anunciada, para rogar-lhe a anulação de um dito, proposto por seu mais alto e mais ilustre oficial, o qual ele já havia aprovado e o qual, segundo acreditava, eliminaria uma ameaça ao seu reino. (Antes que você subestime a magnitude desse ato, não se esqueça de que a última rainha foi banida do reino por não se submeter a um protocolo do palácio.)

Este rei tinha o hábito de desfazer-se das rainhas. Será que Ester, que não havia sido convocada nos últimos trinta dias, terminaria como sua predecessora?

Ester estava sendo solicitada a fazer algo muito fora de seu âmbito de habilidades: dar um gigantesco passo de fé. Ela não encontrava dificuldades em seguir instruções legítimas e agir de forma a obter a aprovação de todos os seus conhecidos. Ela nunca precisou se preocupar com a segurança. A fórmula para sua vida sempre foi simples: oportunidade e obediência resultam em bênçãos. Mas agora o jogo estava mudando. Fazer a coisa certa agora iria requerer algo a que Ester nunca precisou recorrer antes: sua vontade própria.

A VONTADE PRÓPRIA DE ALGUÉM

Todos consideram que o grande momento de Ester é quando ela se apresenta diante do rei sem ser convocada. Mas, antes daquele momento, o destino dela já estava fora de seu controle. O momento decisivo para Ester na verdade deu-se muito antes, diante de uma audiência muito menor. Foi quando ela se deu conta de que sua história não se relacionava a si mesma e à sua segurança, mas a rendição de sua vontade e da reputação que ela havia alcançado em favor de um chamado maior, que requeria que arriscasse tudo. Ester declarou: "Vai, ajunta a todos os judeus que se acharem em Susã, e jejuai por mim, e não comais nem bebais por três dias, nem de dia nem de noite, e eu e as minhas servas também assim jejuaremos. E assim irei ter com o rei, ainda que não seja segundo a lei; e se perecer, pereci" (Ester 4.16).

Alguma vez você já leu a história de Ester dessa maneira? "Eu irei ter com o rei..." (vs. 16)? As primeiras palavras dessa declaração são passíveis de serem ignoradas por causa da força emocional das expressões: "se perecer, pereci!". Mas quanto comprometimento está contido naquele "Eu irei!". Com sua confiança plena em Deus, sua ousadia e aquele ajustamento solene, ela deixou o mundo da beleza e da pompa e fez a bem-sucedida transição da posição de boa menina para a guerreira de Deus!

Ao fazer esta declaração, Ester concorda que sua vontade é uma com a vontade do Pai e o destino que Ele determinou para a vida dela. Naquele exato momento, ela se torna a heroína de sua própria história em vez de ser a concubina da história de alguém.

Uma vez que a grande maioria dos que leem este livro nunca experimentou nada menos que uma vida de liberdade, somos todos responsáveis pela soberania sobre nossas vidas, de fazer tantas escolhas quanto nós quisermos, porque nos foi outorgado esse direito. Nós desconhecemos como é viver sem autodeterminação, porque jamais estivemos sob o jugo de um líder tirano, que controlasse cada movimento nosso. Por essa causa, somos capazes de passar a vida inteira sem compreender que cada passo que damos é produto de nossa própria vontade.

O poder de fazer escolhas e da livre vontade humana é algo extraordinário. Abrange cada aspecto de nossa existência e é capaz de atingir, em determinado momento, o que nem mesmo a imaginação consegue. Esse aspecto mais essencial de todas as liberdades é algo que, não importa quão graves possam ser as circunstâncias, jamais poderá ser arrebatado de nós.

    Viktor Frankl, um psiquiatra austríaco que esteve confinado em um dos Campos de Concentração do regime nazista durante a Segunda Guerra Mundial, tem um impressionante testemunho que ilustra exatamente esse ponto. Após sofrer as horrendas atrocidades do Holocausto, Frankl chegou a uma importante conclusão. Não importa o que lhe fizeram; seus opressores jamais conseguiram tirar dele uma aparentemente pequena liberdade: a capacidade de escolher. Ainda que tantos outros direitos lhe tenham sido suprimidos, ele sempre conservaria aquele, não importa quão minúsculo ele fosse. Escondida no mais íntimo do seu ser reside a habilidade de escolher suas reações em toda e qualquer situação.

    Em função de haver compreendido que ninguém jamais poderia controlá-lo completamente, ele preservou o conhecimento de quem ele era realmente. Jamais desistiu de suas crenças e, ainda, constituiu-se numa fonte de esperança, força e inspiração para seus colegas prisioneiros.

    Uma das mais reveladoras observações que Frankl fez no relatório que ele escreveu sobre suas experiências no Campo de Concentração, assevera: "Quando não somos mais capazes de mudar a situação... somos desafiados a mudar a nós mesmos"[9].

---

[9]Viktor E. Frankl: Em Busca de Sentido (Boston: Beacon Press, 2006 ed.), 112.

Quando Frankl foi liberto do Campo de Concentração no fim da guerra, ele voltou as suas atividades como médico psiquiatra e estabeleceu um novo tratamento psicoterapêutico denominado logoterapia, o qual ensina as pessoas como reagir a situações desafiadoras com coragem moral, compreendendo que o propósito de suas vidas é serem forjadas em meio à seja qual for a natureza do conflito que estejam enfrentando.

O poder de agir é crucial. Não importava a Ester se sua decisão de comparecer perante o rei iria muito provavelmente resultar em colocar a cabeça dela em um mastro; sobre tal consequência, ela não tinha nenhum controle. Mas a opção de agir estava em seu poder, por isso ela agiu conforme sabia que deveria fazer. Ela chegou à conclusão de que tomaria aquela única atitude, mesmo que fosse a última coisa que ela fizesse.

O olhar inteligente da pequena Ester que chegou ao palácio, sem dúvida, ofuscado pelo luxo e pelo fascínio desse novo mundo, instantaneamente passou a ver todas aquelas joias sob um brilho diferente. O sonho "bom--demais-para-ser-verdade" acabou. Ela foi esbofeteada no rosto pela realidade do astuto subterfúgio do inimigo. Ela estava diante de uma escolha, uma escolha que somente ela poderia fazer.

Ester não viu sua história contada por meio de figuras nos flanelógrafos das escolas dominicais ou nas celebrações das festas de Purim.

Ela não sabia como as coisas terminariam. Tudo o que ela sabia é que havia sido escolhida por alguma razão. Ela tinha sido abençoada para um propósito. Ester chegou a realeza por causa de um tempo como este.

O PONTO EM QUE NÃO HÁ RETORNO

Ester tinha a aparência de uma estrela de cinema, tinha um coração obediente, mas ainda assim o que seria considerado relevante era se ela tinha ou não o que era necessário para, sem qualquer ajuda, reverter o iminente holocausto. Para atender à solicitação de Mordecai, seria necessário um extraordinário ato de vontade; havia muito em jogo para a inexperiente rainha. Estaria ela arriscando perder todo o privilégio pelo qual ela tinha lutado arduamente?

A saga de Ester foi sua última jornada da miséria para a riqueza. Ela ergueu-se da obscuridade e foi transformada da condição de órfã camponesa para rainha da Pérsia. Por que não teria um final feliz? Ester não tinha o direito de viver feliz para sempre depois de tudo? Ester, a estrangeira; Ester, a subjugada;

Ester, a órfã. A fortuna finalmente sorriu para ela. Certamente, ela tinha o direito de receber um pouco para si mesma.

É quase impossível ouvir os pensamentos afluindo a mente de Ester na primeira vez que Mordecai deu-lhe a palavra sobre o iminente perigo que ameaçava seu povo e o papel que lhe tinha sido proposto para intervir na situação. "Mas tio Mordecai, é assim que minha história deveria terminar. Eu pertenço a este lugar. Eu no palácio... Eu na corte... Eu nos braços do rei... Eu, eu, eu!".

Mas, se ela tivesse agido assim, teria cometido o mesmo erro que todos nós cometemos ao pensar por Deus: pensamos muito pequeno.

Certamente, conhecemos a escolha de Ester. Lembramo-nos de sua atitude conhecida de todos, ao considerar sua vida menos que nada diante da imperiosa necessidade de falar ao rei a favor do bem-estar de seu povo. Diante das interrogações: o que levou Ester a dizer sim? O que a motivou a renunciar a tudo pela esperança de que sua frágil vida pudesse suplantar a investida maligna que estava ordenada contra ela?

> Então Mordecai mandou que respondessem a Ester: Não imagines no teu íntimo que por estares na casa do rei, escaparás só tu entre todos os judeus. Porque, se de todo te calares neste tempo, socorro e livramento de outra parte sairá para os judeus, mas tu e a casa de teu pai perecereis; e quem sabe se para tal tempo como este chegaste a este reino? Então disse Ester que tornassem a dizer a Mordecai: Vai, ajunta a todos os judeus que se acharem em Susã, e jejuai por mim, e não comais nem bebais por três dias, nem de dia nem de noite, e eu e as minhas servas também assim jejuaremos. E assim irei ter com o rei, ainda que não seja segundo a lei; e se perecer, pereci. (Ester 4.13-16)

Observe o espaço tão minúsculo, ainda assim tão importante entre a questão proposta por Mordecai e o "então" da reação de Ester. Mas este pequeno espaço transformou-se em umas das minhas referências favoritas em toda a Escritura Sagrada. Algo poderoso, algo capaz de transformar vida, capaz de dar forma a história, teve lugar entre aquelas duas palavras.

A Ester antes daquele espaço e a Ester depois são duas pessoas completamente diferentes. Na versão NVI da Bíblia registra sua decisão nessas palavras: "Eu irei me apresentar ao rei ainda que isso seja contra a Lei..." (Ester 4.16b).

Ester chegou ao seu primeiro momento "ainda que" quando ficou diante da decisão entre o fácil e o difícil, a segurança e o perigo, o bom e o controverso. Momentos "ainda que" são aqueles períodos em que você sabe que deve fazer o que é certo – ainda que suas consequências possam custar extremamente caro.

Um momento "ainda que" significa que você deve mudar de posição de mero espectador para o campo de batalha. Das obscuridades dos bastidores para o brilho no centro dos holofotes. Todos os olhares estão sobre você e a pressão está a toda.

Ela prontamente poderia ter dito não. Na verdade, teria sido muito mais fácil para ela. Ao recusar o caminho mais óbvio, Ester foi precipitada contra a lei, contra o senso comum e contra o segundo homem mais poderoso de todo o império. Tudo estava contra ela no momento em que decidiu manifestar-se. Contudo, Ester escolheu ousadamente de qual lado do "ainda que" ela ficaria.

O que provocou esta transformação em Ester? Jamais saberemos. Não nos é dada nenhuma indicação sobre o que teria causado o processo de transformação de sua mente. Tudo o que sabemos é que a menina de Susã respondeu "sim", e, por causa disso, os judeus estão vivos hoje.

No início desse capítulo, falei sobre a experiência da transformação e de como o mais autêntico tipo de mudança é aquele que não se pode observar diretamente. Porque ocorre no interior. Ester sofreu justamente esse tipo de transformação e, até hoje, o mundo comenta sobre ela.

Amados, ser uma pessoa boa e segura pode despertar a simpatia a seu favor aos olhos das pessoas que o veem; pode até ajudá-lo a conquistar o coração das pessoas investidas de autoridade terrena. Mas ser simplesmente uma "boa" pessoa, satisfeita por estar no caminho ao lado, nunca alterou o curso da história humana. É necessário algo muito além para alcançar este feito.

Eu acredito que Ester experimentou cinco rompimentos que lhe permitiram responder corretamente ao seu momento "ainda que". Eu dediquei os próximos cinco capítulos ao exame de cada um deles em profundidade.

Espero que você descubra não apenas como Ester teve o seu rompimento para a vitória, mas também como você pode fazer o mesmo nos dias críticos em que vivemos.

CAPÍTULO 7

ROMPIMENTO 1: RECONHECER A REALIDADE

Podemos fugir da realidade, mas não somos capazes de evitar as consequências dessa fuga.

Ayn Rand

Se você procurar em qualquer parte do mundo por programas de doze passos que garantem uma mudança significativa em seu estilo de vida, encontrará muitas pessoas se esforçando para conseguir transformar suas vidas. O objetivo não é chegar rapidamente ao final do programa. Ao contrário, as pessoas são orientadas a se concentrar no passo inicial, sem o qual é impossível progredir em sua jornada. E, conforme todos nós já sabemos, o primeiro passo para superar qualquer obstáculo pessoal é admitir que você tem um problema.

O primeiro rompimento que Ester experimentou foi reconhecer a realidade. Isso pode parecer muito trivial para ser considerado um rompimento, mas garanto a você que pode ser um processo difícil. Enquanto há apenas uma única realidade verdadeira (a realidade do único Deus verdadeiro), parece não faltar opções de realidades alternativas sob as quais uma pessoa possa escolher viver.

REALIDADE DE QUEM?

Atualmente, todo mundo em todo lugar demonstra estar obcecado com a realidade. No entanto, tenho a convicção de que a única realidade que as pessoas realmente aceitam nesses dias é aquela que elas criaram para si mesmas. De um *reality show* para outro, nossa cultura flutua ao longo de uma existência absorta em si mesma, a qual tem pouca relação com a realidade de como Deus a vê ou, honestamente, a realidade do mundo fora do hemisfério ocidental.

Ester não teve acesso a tantos canais de televisão como nós, na sociedade tecnologicamente orientada, mas ela também estava vivendo em uma versão fabricada da realidade. No momento em que Ester foi introduzida na cena imperial, o rei tinha acabado de dar uma festa. Você sabe quantos meses durou essa festa? Seis meses! (Veja em Ester 1.3-4). Não parece que Ester estivesse entrando num lugar em que se valorizava o estilo de vida voltado para as coisas reais da terra. Aninhada e em segurança no luxuoso regaço do palácio, Ester encontrava-se muito longe de sua infância solitária, sem pai nem mãe, longe da lama de Susã e, muito possivelmente, longe do Deus de seu povo.

A questão que surge para Ester, neste momento de sua vida, em meio ao sonho que se torna realidade, é: "De quem é realmente a realidade em que estou vivendo?". Após quatro gloriosos anos na atmosfera luxuosa da corte, os padrões de pensamentos de distração e a negação agora devem ter se tornado o *status quo*[10].

As notícias da conspiração maligna contra os judeus não foram suficientes em si mesmas para tirar Ester do mundo ao qual ela estava convencida de que pertencia. Sim, ela ouviu as palavras que lhe foram transmitidas, e sim, ela ficou "profundamente aflita" quando as recebeu (Ester 4.4), mas sua aflição não a moveu imediatamente a uma atitude a altura. Após o inicial conflito de negação, ela envia uma palavra a Mordecai, que tinha justamente proposto que ela fizesse alguma coisa para confrontar a crise em curso.

> Então falou Ester a Hatá, mandando-o dizer a Mordecai: Todos os servos do rei, e o povo das províncias do rei, bem sabem que todo o homem ou mulher que chegar ao rei no pátio interior, sem ser chamado, não há senão uma

---

[10]Expressão do latim que significa "estado atual" de fatos, circunstâncias ou situações.

sentença, a de morte, salvo se o rei estender para ele o cetro de ouro, para que viva; e eu nestes trinta dias não tenho sido chamada para ir ao rei. (Ester 4.10-11)

Em outras palavras, "Mordecai, eu compreendo que sua situação é ruim e lamento muito, mas você não entende que, se eu me envolver... Se eu agir ativamente, poderá ser inconveniente para mim. Na verdade, minha vida pode ficar em perigo".

- O que Ester não entendeu?
- O que os judeus na Alemanha de Hitler não entenderam?
- O que a igreja na Europa dos anos 30 não compreendeu?
- O que nós não estamos compreendendo?

A vida dela, a minha, a sua, a de seus filhos e as vidas de seus netos já estão em perigo. A resposta de Mordecai para Ester trouxe-a ao ponto do rompimento final:

> Então Mordecai mandou que respondessem a Ester: Não imagines no teu íntimo que por estares na casa do rei, escaparás só tu entre todos os judeus. Porque, se de todo te calares neste tempo, socorro e livramento de outra parte sairá para os judeus, mas tu e a casa de teu pai perecereis. (Ester 4.13-14a)

Infelizmente, na maioria das vezes, somente as más notícias tem a capacidade de nos sacudir o suficiente para nos mover emocionalmente de onde estamos para onde precisamos estar. Sem dúvida, as catástrofes têm a habilidade de nos manter em contato com a realidade como poucos eventos em nossa vida são capazes.

Aquele foi um turbulento chacoalhar para Ester, mas era um despertamento. Ser abruptamente arrancado de sua realidade cheia de escolhas para ser lançado em outra, na qual você não tem opção alguma sobre os acontecimentos, pode ser considerado definitivamente como um genuíno rompimento. No momento em que Ester decide reconhecer essa verdadeira realidade, ela rompeu. Ela compreendeu que, por pior que a situação pudesse ficar, seria ainda muito pior para ela, se não conhecesse a verdadeira natureza das ameaças de Hamã.

HISTÓRIA PARA HOJE

Ao lançarmos um olhar na história, podemos observar que as escolhas feitas pelas pessoas diante da ameaça de um desastre ou calamidade, foram feitas baseadas no que, ao fim do dia, elas acreditavam (convenceram-se a si mesmas de que acreditavam) que realmente aconteceria. Suas escolhas eram baseadas em suas crenças, em sua visão de mundo, em sua realidade percebida.

O tema da Segunda Guerra Mundial na Alemanha é fisicamente aterrorizante. O fato de que uma civilizada nação do mundo ocidental poderia perpetrar frios e eficientes mecanismos de morte como os que foram elaborados pelo Terceiro Reich é nada menos que incompreensível. Antologias completas, carreiras e até mesmo instituições de estudos tem se dedicado a determinar o que motivou indivíduos perfeitamente normais, em sã consciência, com educação superior e grande cultura, a criar um dos mais notórios regimes homicidas de toda a história.

No espaço de uma década, a nação da Alemanha foi da construção da bem-sucedida República de Weimar, repercutindo o fracasso da Primeira Guerra Mundial, ao massacre sistemático de um terço da população de judeus no mundo. A única coisa que, talvez, seja mais assombrosa e inconcebível do que isso é como ninguém - com poucas exceções – percebeu o que estava acontecendo... ou interessou-se o suficiente para fazer algum a coisa a respeito.

Ao final de 1938, a política alemã e europeia em geral estava se tornando crescentemente antissemita, e as coisas chegaram ao ápice durante o que veio a ser conhecido como *Kristallnacht* - A noite dos Cristais ou a Noite dos Vidros Quebrados. Tudo começou em outubro, após a Polônia ter invalidado o passaporte de todos os judeus ilustres que tinham estado fora do país por mais de cinco anos, destituindo-os eternamente de sua cidadania, a Alemanha entrou na situação, ordenando que todos os judeus deveriam deixar o país dentro do prazo de apenas duas semanas e retornar a Polônia – aproximadamente dezessete mil judeus. Àqueles que foram expulsos era permitido levar somente uma mala de roupas e eram obrigados a partir de trem.

Um judeu de dezessete anos, cuja família sofrera as consequências do mandato antissemita, decidiu fazer justiça com as próprias mãos e atirou contra um representante da embaixada alemã em Paris, em sete de novembro. Dois dias após a morte do representante alemão, na mesma noite, nove de novembro, os nazistas desencadearam um ataque maciço contra sinagogas, empresas e lares de judeus, matando um total de noventa e um judeus e incendiando aproximadamente duzentas sinagogas, além de centenas de lojas. Esse massacre viciosamente sincronizado por toda a Alemanha, Áustria e Checoslováquia, que ficou conhecido por causa dos vidros estilhaçados das vitrines de lojas, sinagogas e casas, foi um nefasto sinal de que eventos piores estavam reservados para os dias futuros[11].

Mesmo com os ataques da *Kristallnacht*, muitos não reconheceram plenamente o que estava acontecendo. Teria a população judaica alemã pensado que o pior tinha passado? Será que eles pensaram que teria sido apenas um pequeno ressurgimento dos incontáveis massacres que

---

[11] Martin Gilbert: Os judeus no Século Vinte. (New York: Schocken Books, 2001), p. 183-184.

eles enfrentaram durante toda a história da Europa? Para responder a esta questão, só precisamos olhar os números: milhares de judeus fugiram da Alemanha depois da *Kristallnacht*..., mas milhões preferiram permanecer, na esperança de que aquilo fosse um alarme falso.

A verdade foi que a maioria da população mundial não aceitava os fatos. Porém, eles estavam para entrar naquilo que até os dias atuais é considerado como o conflito humano mais destrutivo registrado na história.

Neville Chamberlain foi o Primeiro Ministro britânico que pensou conseguir apaziguar a Alemanha nazista por meio de concessões feitas a eles no Acordo de Munique. Após retornar dessa conferência com Hitler em Munique, ele disse aos cidadãos do Reino Unido que haveria "paz para o nosso tempo". Aproximadamente doze meses depois dessa data em que Neville Chamberlain pronunciou essas infames palavras, ocorreu a invasão de Hitler à Polônia, no que foi considerado o início da Segunda Guerra Mundial.

Amigos, se os europeus não despertaram para o que realmente estava acontecendo até as ameaças de Hitler se transformarem em invasões, o que será necessário para reconhecermos a realidade que enfrentamos em nossos dias?

A REALIDADE DE NOSSOS DIAS

Considere os seguintes exemplos do que está acontecendo em nossos dias dentro da civilização ocidental.

Na Inglaterra, Sadiq Khan foi eleito o primeiro prefeito mulçumano do Reino Unido, representando uma boa parcela da população, que hoje tem em média um muçulmano para cada oito habitantes na cidade de Londres. As igrejas cristãs vazias têm dado espaço para a construção de novas mesquitas e, mais do que edifícios transformados, as pessoas também estão sendo convertidas. O número de adeptos ao Islã dobrou nos últimos anos. Em Birmingham, a segunda maior cidade britânica, onde muitos jihadistas vivem, a comunidade islâmica pediu à prefeitura permissão para que as mesquitas britânicas chamem os fiéis à oração pelos alto-falantes das mesquitas várias vezes por dia.

Na França, o número de muçulmanos chegou a 6,5 milhões em 2015, que corresponde a 10% da população, colocando o país na posição de maior população muçulmana da União Europeia, seguida pela Alemanha. Vários bairros de Paris, uma das cidades mais famosas do mundo, foram atacados por jovens muçulmanos radicais que incendiaram veículos e causaram grandes tumultos nos últimos anos. Estima-se que 40 mil automóveis são queimados todos os anos na França.

Diante dessa e de muitas outras fontes, o apelo para nossas próprias destruições emana agora de dentro de nossas fronteiras. Onze de setembro de 2001 foi de fato uma declaração de guerra. Assim como foi a *Kristallnacht* e da iminente matança na antiga Susã, houve tempo e distância entre a declaração e as inevitáveis consequências;

mas isso era tudo o que havia, tempo e distância, e, a cada dia havia menos tempo e menos distância entre os judeus e a perseguição.

Diga-me, por favor, se 11 de setembro não foi suficiente para um chamado ao despertamento para nos mobilizar em oração concentrada e ativismo determinado, quando seremos sacudidos de nossa falsa realidade, a fim de entendermos que estamos em guerra?

O DESPERTAMENTO ÁRABE

É um fato interessante observar que há muitas pessoas de dentro da maior comunidade árabe reconhecendo que o estigma da religião dentro da qual nasceram tem tudo, menos o interesse pela humanidade (incluindo eles próprios) em mente.

Há alguns anos conheci Brigitte Gabriel, uma mulher libanesa cristã, nascida em Marjayoun, Líbano, autora do livro "*Because They Hate*" ("Porque Eles Odeiam") e fundadora do Congresso Americano para a Verdade. Essa corajosa mulher, não somente uma cristã, mas alguém nascida na cultura muçulmana que é decididamente misógina, se tornou uma das mais respeitadas vozes a proclamar abertamente contra os perigos do Islã radical.

A Sra. Gabriel foi criada em meio ao tormento da guerra civil no Líbano. Ela passou seus primeiros anos de vida arrastando-se com sua família para atravessar as linhas de fogo muçulmanas, a fim de sobreviver.

Nessa ocasião, ela acabou indo parar em um hospital israelense, sendo tratada com compaixão justamente pelas pessoas as quais ela foi ensinada a odiar. Por causa disso, seu paradigma começou a mudar. A gentileza dos israelenses contrastou com a brutalidade e a deslealdade que ela experimentou nas mãos do seu próprio povo e levou-a a rejeitar a retórica antissemita fluente em sua nação, fazendo crescer o respeito e a admiração pelo povo judeu. A partir de então, a Sra. Gabriel assumiu a difícil missão de defender Israel nos círculos sócio-políticos e diante da mídia mundial. Seu testemunho sobre o reconhecimento pessoal da realidade começou quando ela despertou de uma experiência cultural construída com base em mentiras. Ela é um exemplo vivo de alguém que surgiu de dentro do mundo árabe para ser a voz da verdade.

None Darwish, uma locutora e escritora ativa, nascida no Cairo, Egito, e a autora do livro "*Now They Call Me Infidel*" (Agora Eles Me Chamam Infiel) é a fundadora da organização "Árabes por Israel" que promove apoio ao Estado de Israel entre os muçulmanos, entre as comunidades muçulmanas por todo o Oriente Médio e além. Uma advogada respeitada que atua no conflito Árabe-Israel, a fim de promover a reconciliação. Ela trabalhou incansavelmente para elevar o nível de educação no Oeste em relação ao perigo que representa o *jihad* (guerra santa muçulmana).

A Sra. Darwish também foi criada em um ambiente eminentemente antissemita. Seu pai foi um comandante no Exército Egípcio, que conduziu repetidos ataques contra a recém-nascida nação israelense em 1956, após um avanço militar contra Israel. Ela se tornou o primeiro exemplo de como alguém superou a cultura do ódio e escolheu identificar-se com o povo escolhido de Deus, a despeito da influência opositora de sua família. Em vez de seguir os passos do pai e ser inimiga de Israel, ela é hoje uma das grandes aliadas.

A história de Masab Hassan Yousef é notavelmente singular, por causa do que lhe custou pessoalmente para despertar para a realidade de Deus. Masab (que agora se chama Josef) é o filho do Xeique Hassan Yousef, um alto líder do grupo terrorista muçulmano Hamas na região da Cisjordânia. Mesmo tendo sido criado completamente imerso no estilo de vida terrorista muçulmano radical, Masab aceitou a fé no Messias judeu após um tempo servindo na prisão.

Ele deu as costas ao Islã e mudou-se para a Califórnia, onde deu início a uma vida completamente nova. Masab declarou em entrevista para a Fox News: "Eu deixei tudo para trás, não apenas a família".

Após testemunhar líderes do Hamas torturarem os próprios companheiros que estavam servindo como ativistas, terroristas durante o cumprimento de uma pena de prisão, ele reconheceu a realidade por detrás da simulação de propaganda desse grupo antissemita. Agora ele declara ousadamente que não há nenhuma chance de que o Hamas conviva pacificamente ao lado de Israel: "Há alguma chance de coexistência do fogo com a água? Não há nenhuma chance". Em relação ao perigo que sua vida corre por causa das escolhas que fez, ele declara resolutamente: "Eles podem matar o meu corpo, mas não podem matar a minha alma".

TRÊS CAMPOS DE BATALHA

Na hipótese de não parecer a você no momento, deixo claro que nós estamos em guerra. Gostaria de oferecer alguma reflexão nos três tipos de guerra em que creio que estamos lutando e nos quais eu creio que Ester também lutou.

1. A GUERRA NO INTERIOR DE SI MESMO

A primeira Guerra que precisamos vencer é aquela que ocorre em nosso interior. Nossa determinação de lutar a batalha interior será o que nos qualificará para tudo o que estiver por vir. Não poderemos vencer nenhuma batalha exterior, sem que primeiro derrotemos os inimigos do orgulho e da autoabsorção que estão dentro de nós.

Jeremias 17.9 diz: "Enganoso é o coração, mais do que todas as coisas, e perverso; quem o conhecerá?". Não podemos confiar em nosso coração para nos dizer a verdade. Precisamos que o Senhor esquadrinhe o nosso coração e prove os nossos pensamentos, para nos certificar de que estamos alinhados com Seus pensamentos.

> Eu, o SENHOR, esquadrinho o coração e provo os rins; e isto para dar a cada um segundo os seus caminhos e segundo o fruto das suas ações. (Jeremias 17. 10)

E como Ester alcançou o alinhamento adequado? Ela estava desacorrentada das filosofias autoindulgentes por ouvir a voz do Senhor por meio do seu relacionamento de aliança com Mordecai.

Precisamos permitir que a força do Senhor seja a nossa força na batalha contra a natureza pecaminosa, a qual devemos enfrentar a cada dia, antes mesmo que nossos pés toquem o chão pela manhã.

2. A GUERRA EXTERIOR CONTRA A CULTURA

Ester não apenas teve de romper com várias convenções para fazer o que ela fez; ela também teve de agir pelo bem de um povo, que era contracultura, para que pudesse prevalecer. Ambos esses fatores deverão ser verdade para nós, se quisermos experimentar a vitória que ela experimentou.

Enquanto nós consideramos o antissemitismo e o anticristo espíritos que podem ser encontrados nos *campus* das universidades, as filosofias humanistas inerentes a eles, mesmo aquelas que são aparentemente as mais benignas, possivelmente nos levarão a pensar: "As coisas estão ruins, mas poderiam estar pior". Esse pensamento não é completamente incorreto, mas eu poderia questionar: "Qual é exatamente o fator determinante sobre o qual as coisas ruins são admitidas?".

A universidade de Michigan em Dearborn, EUA, destina vinte e cinco mil dólares de seu orçamento universitário para manter utensílios de cerimônia de lavagem dos pés para os estudantes muçulmanos. Eu imagino quando vamos despertar para a realidade sobre o que está acontecendo nos meios acadêmicos.

A súbita (mas não tão súbita assim) infiltração do islamismo fundamentalista na nossa sociedade livre é algo que precisa ser confrontado com equivalente fervor por aqueles que não querem ver exatamente quão ruins as coisas poderão ficar de fato.

3. A GUERRA CONTRA O TERROR

Ester não só enfrentou a guerra da cultura no palácio, mas também a ameaça bem real de genocídio de seu povo. Ela enfrentou o virulento antissemitismo que determinaria a completa extinção de todo um povo da face da terra. Não há dúvida de que Ester encontrou-se em uma guerra contra a intimidação, contra o assassinato a sangue frio e o terror.

A guerra que foi declarada contra o terror em 2001 está enfraquecida, enquanto a nossa atenção e a nossa resolução enfraquecem a cada dia que passa. A Europa agora é abertamente apelidada de "Eurábia", devido a predominância da população árabe muçulmana que invade as fronteiras e a estrutura política dessas nações que uma vez foram cristãs. Enquanto isso, Mahmoud Ahmadinejad, em julho de 2008, continuou a incluir os Estados Unidos em suas imprecações contra os judeus dizendo: "Hoje, o tempo para a queda do poder satânico dos Estados Unidos entrou em contagem regressiva para a aniquilação do imperador do poder e da riqueza"[12].

Amados, os inimigos da verdade, da justiça e da liberdade democrática não são politicamente corretos e, se não reconhecermos suas fraudes e o que eles são, não teremos nenhuma chance de desarmá-los.

O JESUS REAL

De alguma forma, nós assimilamos um Jesus muito encorajador e consolador; um Jesus, cujas palavras estão nos cartões de felicitações e em livros devocionais. Mas Jesus não era uma pessoa manipulável, que poderia ser persuadido ou influenciado facilmente. Ele é aquele que virava as mesas no templo de Seu Pai e expulsava os cambistas com um açoite.

---

[12] Ahmadinejad diz que Israel logo desaparecerá. Breitbart.com.

Um Jesus que disse na cara dos religiosos hipócritas de Sua época o que Ele pensava de suas vergonhosas atitudes de dissimulação. Um Jesus que gentilmente, mas com firmeza, disse a mulher adúltera que ela mentiu sobre ter um amante e que a história dela não convencia a ninguém.

Jesus confrontava as falsas realidades toda vez que as descobria. Ele eliminava implacavelmente a sensibilidade das pessoas, porque entendia que "um amor severo" era necessário para que as mudanças verdadeiras acontecessem. Jesus não era politicamente correto em seu discurso. Isso foi, em certo sentido, parte da razão pela qual Ele foi morto.

Ele não estava de maneira alguma à procura de popularidade e, observando-se o percurso do Seu ministério, descobre-se que o volume da multidão que O seguia, bem como o número dos discípulos, diminuiu drasticamente (em vez de aumentar) ao longo do período.

Considere este exemplo do Evangelho de Mateus 16.21-23, quando Jesus interage com Pedro, um de seus amigos e seguidores mais próximos: "Desde então começou Jesus a mostrar aos seus discípulos que convinha ir a Jerusalém, e padecer muitas coisas dos anciãos, e dos principais dos sacerdotes, e dos escribas, e ser morto, e ressuscitar ao terceiro dia".

Jesus começa a falar a eles sobre a realidade da situação – o terror que Ele e os discípulos estavam prestes a enfrentar. Ele não usa palavras amenizadoras nem qualquer subterfúgio de negação. De forma direta e simples, Ele os preveniu e preparou para o que estava por vir.

> E Pedro, tomando-o de parte, começou a repreendê-lo, dizendo: Senhor, tem compaixão de ti; de modo nenhum te acontecerá isso. (Mateus 16.22)

Evidentemente, Pedro não conseguiu lidar com essas informações. Ele passa a negá-las imediatamente. Ele não quer ouvir nenhuma palavra do Senhor que não se encaixe em suas expectativas, seu otimismo pré-determinado.

> Ele, porém, voltando-se, disse a Pedro: Para trás de mim, Satanás, que me serves de escândalo; porque não compreendes as coisas que são de Deus, mas só as que são dos homens. (Mateus 16.23)

Ai! Não há nenhum Jesus meigo e manso aqui nessa passagem, nenhuma palavra suave ou sensível. Jesus arrisca-se a perder imediatamente um de seus poucos apoiadores remanescentes, ao ofendê-lo confrontando-o com uma palavra dura e fria. Considere algumas outras previsões de Jesus aos discípulos, as quais não são nada atraentes: "*Então vos hão de entregar para serdes atormentados, e matar-vos-ão; e sereis odiados de todas as nações por causa do meu nome. Nesse tempo, muitos serão escandalizados, e trair-se-ão uns aos outros, e uns aos outros se odiarão. E surgirão muitos falsos profetas, e enganarão a muitos. E, por se multiplicar a iniquidade, o amor de muitos esfriará. Mas aquele que perseverar até ao fim será salvo. E este evangelho do reino será pregado em todo o mundo, em testemunho a todas as nações, e então virá o fim".* (Mateus 24.9-14)

> Não cuideis que vim trazer a paz à terra; não vim trazer paz, mas espada; Porque eu vim pôr em dissensão o homem contra seu pai, e a filha contra sua mãe, e a nora contra sua sogra; E assim os inimigos do homem serão os seus familiares. Quem ama o pai ou a mãe mais do que a mim não é digno de mim; e quem ama o filho ou a filha mais do que a mim não é digno de mim. E quem não toma a sua cruz, e não segue após mim, não é digno de mim. Quem achar a sua vida perdê-la-á; e quem perder a sua vida, por amor de mim, achá-la-á. (Mateus 10.34-39)

Essas e várias outras Escrituras claramente declaram que o caminho estreito para seguir a Deus nesta vida não será fácil, e que será especialmente e singularmente perigoso para os que vivem nos últimos dias. Tais palavras foram registradas, a fim de que possamos ter uma mente esclarecida, disciplinada e em comunhão com Deus nestes dias em que vivemos.

Mas receber sua mensagem requer que deixemos de lado toda e qualquer realidade falsa, na qual estejamos confiando – até mesmo aquelas confortáveis, que nos fazem tão bem, criadas pela religião – e abracemos a realidade revelada tanto pela palavra de Deus, quanto pelos noticiários da noite. Estes são dias penosos e ameaçadores para pessoas que são amantes da paz e especialmente para aquelas que possuem uma genuína fé no Deus da Bíblia.

Com toda a loucura cultural levitando a nossa volta, em qual realidade você vive hoje? De quem é a realidade que você reconhece? No caso de Ester, ela teve de se humilhar e admitir que não estava vendo as coisas pela ótica correta, da perspectiva certa. O discípulo Pedro teve de submeter-se a uma mudança completa de paradigma (uma transformação interior) para começar a enxergar as coisas da forma como Jesus via e se tornar o líder que Ele pediu que fosse. Os contemporâneos de Jesus e os cristãos dos primeiros dias precisaram ser despertados, e nós também precisamos.

Já é tempo de começarmos a observar o mundo a nossa volta – precisamos observar de verdade. Não seremos capazes de reconhecer a realidade das ameaças atuais, se não tivermos a atitude de abrirmos nossos olhos. Precisamos nos tornar instruídos sobre o que está acontecendo em nossas vizinhanças e em nossas nações.

Colocando de forma simples, não há nada que nos obrigue mais a reconhecer em que nós cremos realmente do que ser confrontados com a possibilidade de enxergarmos o pior cenário de nossas vidas. Uma coisa é o mundo lá fora ser atacado, outra é você receber um tiro dentro do seu pequeno mundo – que você criou e controla.

Você pode determinar em que quer crer ou pode simplesmente "fazer ouvido de mercador" em relação a tudo que interfira em seu capricho e em seu desejo. Quando nada ameaça o *status quo* do seu mundo, você pode aumentar o volume de qualquer estação de rádio que esteja ouvindo até que as sirenes de aviso sejam apagadas pela sua diversão escolhida.

Jamie Buckingham, editor por longo tempo da revista Charisma, usou uma citação do Presidente dos Estados Unidos, James Garfield, que disse tão acertadamente: "A verdade o libertará, mas primeiro ela o deixará deprimido".

Talvez sejamos pessoas que não tem medo de reconhecer a realidade, mesmo que possamos nos sentir um tanto infelizes no processo, mas nos tornaremos agentes de mudança no mundo bem real e volátil à nossa volta.

Não importa quanto esforço você tenha de fazer, você precisa começar de algum lugar. Reconhecer a realidade da situação fortaleceu Ester para que pudesse dar início ao processo de mudança. Nos calcanhares do que era possivelmente a mais insustentável situação que ela poderia ter imaginado, ela encontrou forças, determinação e a concentração necessárias para começar a agir decisivamente. O primeiro rompimento de Ester abriu a porta para uma sucessão de outros que se seguiram. Agora que ela finalmente aceitou a realidade, ela precisará decidir o que fazer para transformá-la.

CAPÍTULO 8

ROMPIMENTO 2: CLAMAR

Existe uma grande diferença entre fazer orações e orar.
John G. Lake

Mais coisas são escritas pela oração do que este mundo sonha.
Alfred Lord Tennyson

O clamor de Mordecai veio num momento crítico da vida de Ester, um momento em que ela necessitava ser despertada para a realidade de sua situação. O poder das palavras de Mordecai serviu como o catalisador que ela precisava para remover sua distração e negação. Não foi fácil despertá-la para o apuro em que ela se encontrava e, se o edito do rei não foi capaz de fazê-lo, o poder de um pai espiritual de confiança (na verdade, um substituto do pai natural) falando ao coração de Ester, conseguiu trazê-la para a realidade.

Mas agora ela iria enfrentar ainda outro momento decisivo. Não foi suficiente Ester ter despertado para a realidade de sua situação. Ela agora precisava agir! A primeira atitude que alguém toma sob tais condições revela tudo sobre seu caráter e seu sistema de crenças. Qual seria a primeira reação de Ester? Qual seria o primeiro passo que ela daria agora que compreendia que estava em sérios apuros? Mil preocupações disputavam a atenção de Ester simultaneamente.

O que Ester poderia dizer ao rei que o faria desviar dela a ira certeira por se aproximar dele sem ter sido convocada? E em relação à sua reputação e ao seu destino, o qual poderia assemelhar-se muito em breve ao da desafortunada rainha

Vasti? Se o pior tivesse que acontecer para onde ela iria e como sobreviveria?

O que seria de seu amado tio Mordecai e, nesse caso, de sua família judaica? Qual seria o seu primeiro passo? Agora que ela tinha despertado e estava ativa, como ela ordenaria suas prioridades?

A história não é diferente para nós, quando somos confrontados por circunstâncias severas, desafios, imprevistos ou batalhas que emergem de dentro de nossas vidas. No momento do pânico, tendemos a agir primeiro e orar depois. Mas, em meio ao dilúvio de medo e ansiedade, Ester lembrou-se milagrosamente e gloriosamente de colocar em primeiro lugar as primeiras coisas. Ela se lembrou de fazer o que era mais necessário: buscar o poder do Alto.

Ester não conferiu o tesouro real, não consultou conselheiros e nem buscou a sabedoria dos magos residentes na corte. Ela não confiou, em primeiro lugar, na sua própria força nem na força de qualquer outra pessoa. Ela compreendeu que nenhuma dessas coisas poderia lhe trazer a resposta de que ela precisava. Ela estava para se engajar em um encontro espiritual que demandava a posse de autoridade celestial. A primeira reação de Ester não foi confiar em seus próprios pensamentos e imaginação. Sua primeira reação foi clamar ao Senhor.

> Vai, ajunta a todos os judeus que se acharem em Susã, e jejuai por mim, e não comais nem bebais por três dias, nem de dia nem de noite, e eu e as minhas servas também assim jejuaremos. E assim irei ter com o rei, ainda que não seja segundo a lei; e se perecer, pereci. Então Mordecai foi, e fez conforme a tudo quanto Ester lhe ordenou. (Ester 4.16-17)

Sejam quais foram as condições de seu coração antes da crise, Ester agora se dava conta de que sua situação demandava uma reação que iria acessar os portais do Céu e trazer soluções para a iminente condição de extermínio de seu povo. Ester necessitava do favor do rei Assuero e com urgência, mas ela era sábia o suficiente para saber que a única maneira de obtê-lo era garantindo em primeiro lugar o favor do Rei dos reis, que preservara seu povo através do Mar Vermelho, no deserto do Sinai e do incêndio de Jerusalém pelas mãos dos babilônios.

A HUMILDADE DA ORAÇÃO

As Escrituras estão repletas de histórias que transmitem uma lição essencial: você é incapaz de agir por si só. Você realmente necessita de Deus.

Em cada história, conhecemos pessoas que decidem se vão ter a humildade de fazer as coisas à maneira de Deus ou se vão tentar fazê-las do seu próprio modo. E, vez após vez, vemos que "o braço da carne" (a sabedoria humana natural) fracassa e a sabedoria de Deus (apesar de parecer tola e simplória aos olhos do mundo) sempre triunfa.

Ao final, a seguinte verdade é provada: batalhas terrenas requerem vitórias celestiais. Quando os inimigos rondam o povo de Deus é que ele precisa se unir humildemente e clamar pela intervenção do céu. Este é o tema do clamor em unidade do povo de Deus em Salmos 20.6-9.

> Agora sei que o SENHOR salva o seu ungido; ele o ouvirá desde o seu santo céu, com a força salvadora da sua mão direita. Uns confiam em carros e outros em cavalos, mas nós faremos menção do nome do SENHOR nosso Deus. Uns encurvam-se e caem, mas nós nos levantamos e estamos de pé. Salva-nos, SENHOR; ouça-nos o rei quando clamarmos.

Se tempos difíceis expõem o que há em nosso interior, então a história de Ester revela que ela foi uma mulher de genuína humildade, buscando a ajuda de Deus em lugar do desespero. Ainda que pudesse ter persistido em permanecer nas armadilhas da distração e da negação, ela entendeu que, apesar de ser uma rainha, não tinha em si mesma o poder de salvar uma nação. Ela necessitava de ajuda e sabia disso. Tendo sido despertada daquilo que a tinha paralisado por algum tempo, sua nova e verdadeira realidade moveu-a a fazer o que verdadeiramente era necessário.

Ester tocou no poder das palavras de Mateus 5.3, que diz: "Bem-aventurados os pobres de espírito, porque deles é o Reino dos Céus". Em outras palavras... Bem-aventurados são os humildes de coração, que são conscientes de sua completa dependência e sabem que devem buscar Aquele que é "socorro bem presente na angústia" (Salmos 46.1).

Bem-aventurados são os quebrantados, que não são tão orgulhosos para admitir que em sua carne não habita "bem nenhum " (Romanos 7.18).

Bem-aventurados os desesperados, que se dão conta de que há um único caminho para a sua situação – aquele que é revelado por Deus na oração.

Assim, Ester lançou fora a cobertura de seu manto real e clamou com todas as suas forças, não apenas com palavras, mas também com atitudes. Com o inimigo batendo à sua porta, Ester apropriou-se de outra poderosa chave espiritual, o jejum, que é vital para nós individualmente em nossas batalhas espirituais e absolutamente necessário quando a Igreja, como uma Ester corporativa, confronta os Hamãs que estão se levantando ao redor do mundo.

Ester convocou uma cidade inteira para o jejum. A oração é poderosa, mas a oração unida ao jejum é seriamente poderosa. Jejum é oração com esteroides.

Ester entendeu, como estamos começando a entender, que há batalhas que só poderão ser vencidas por meio da oração coletiva (congregacional), desesperada, perseverante, em alta voz, e jejum atribulado. Quando Ester de repente compreendeu que ela não era o centro da situação, sua festa no palácio deu lugar ao jejum, e ela obteve autoridade em outro reino.

Quando os hebreus, sob o reinado de Josafá, enfrentaram a assustadora multidão dos moabitas e amonitas invadindo Judá, a reação deles foi se reunirem, vindos de todas as cidades, e buscarem ao Senhor em Judá. Enquanto oravam e profetizavam na presença do Senhor, a palavra veio a eles, dizendo que não precisavam temer, mas somente permanecer firmes e verem a salvação do Senhor. Quando saíram na manhã seguinte para encontrar seus inimigos, eles os encontraram destruindo-se uns aos outros! (2 Crônicas 20). Porque a nação priorizou o jejum e a oração, o Senhor lhes deu uma vitória infinitamente mais tremenda do que se eles tivessem combatido em sua própria força.

Como Josafá em Judá, a decisão de Ester trouxe o poder transformador do jejum corporativo, congregacional, a uma situação extremamente incerta. O que foi necessário nos dias de Ester foi uma vitória coletiva comparada, ou talvez até maior, com a vitória de Gideão, Josué, Davi e Josafá; e ela sabia que, para se obter o rompimento, teria de contar com a ajuda de todos os membros vivos de sua comunidade local e estendida. Ester soube, afinal, que somente a fé coletiva traria a conquista corporativa.

UMA BATALHA ESPIRITUAL PARA UMA VITÓRIA ESPIRITUAL

Eu creio que a maior batalha que Ester enfrentou naquela situação foi a guerra que se levantou dentro dela – uma batalha espiritual na qual as forças celestes e demoníacas estavam ativamente envolvidas. Ela teve de tomar a decisão de humilhar-se e tomar cada grama de força espiritual que possuía para permanecer fiel em meio à batalha.

As forças das trevas tentam nos impedir de nos humilhar, porque o inimigo conhece o poder de uma vida submissa, pronta a executar os comandos das Escrituras e a Palavra de Deus. O inimigo se enfraquecerá contra você, se você decidir crer no poder de Deus.

Ele irá tentar mantê-lo longe do acesso a autoridade espiritual, que é garantido pelo emprego de medidas práticas e uma postura humilde.

Juntamente com a batalha espiritual pessoal que Ester enfrentou naquele momento crítico, também estava em curso uma batalha igualmente real pelo futuro do povo escolhido de Deus.

O testemunho da aliança de Deus com seus eleitos estava em risco. As forças das trevas levantaram um assalto completo e extremo contra a nação judaica, através do maligno Hamã, e procuraram manter Ester e qualquer outra pessoa incapaz de impedi-lo. Ao decidir agir, ela se colocou no centro de uma batalha que era muito maior que sua própria vida. Deus a havia posicionado para este momento crítico, e ambos, o Céu e o inferno, assistiam para ver qual seria a resposta de Ester.

Considerar as circunstâncias dos dias de Ester unicamente como uma batalha contra o maligno Hamã, seria subestimar grosseiramente a realidade. A guerra de Ester era tão antiga quanto as gerações – era uma questão de varrer o testemunho da fidelidade de Deus na terra – guerra que assola a humanidade até os nossos dias.

A Palavra de Deus nos fala sobre nosso "adversário, o diabo, que anda ao derredor rugindo como um leão, procurando alguém a quem possa devorar" (1 Pedro 5.8). Para lutar as batalhas espirituais nós, assim como Ester, devemos lutar com armas espirituais. Essas batalhas simplesmente não podem ser vencidas apenas com a capacidade humana e suas estratégias. É necessária a intervenção divina e apenas os humildes reconhecerão essa verdade.

UMA CULTURA DE ORAÇÃO

Deuteronômio, capítulo seis, proporciona-nos um quadro relativo à força da comunidade judaica ao longo das gerações – a história de um povo comprometido com um estilo de vida de oração na glória do templo de Salomão e em meio aos horrores da Auschwitz de Hitler[13].

Por séculos, o clamor de um povo, tem sido: "Ouve, Israel, O Senhor nosso Deus é o único Senhor." (Deuteronômio 6.4). Para judeus, oração sempre foi tanto clamar aos homens quanto clamar a Deus; ao mesmo tempo em que é uma palavra de exortação à comunidade, também é um apelo ao Altíssimo. Clamar a Deus é o mesmo que clamar aos nossos próximos e orar pelos outros. Se não incitarmos o povo a agir, não poderá haver uma vitória sobre o maior inimigo de todos – a falta de oração.

Conforme a ordem de Deus, as famílias hebreias instruíram seus filhos pela manhã, à tarde e à noite a terem um estilo de vida de oração em suas comunidades. Quando se levanta, quando se deita, o povo judeu ora pelos outros. Se eles tivessem mantido esta realidade e vivido a cada dia baseados nesta verdade, ninguém poderia resistir e todas as nações a sua volta fugiriam de

---

[13]Rede de campos de concentração localizado no sul da Polônia, que representa o maior símbolo do Holocausto da Segunda Guerra Mundial.

sua presença e os temeriam. Se eles abandonassem esse chamado e buscassem seguir seus próprios caminhos, eles cairiam nas mãos de seus inimigos até que buscassem a face de Deus novamente.

Ser judeu é praticamente ser uma pessoa de oração. A nação israelense dos dias de Ester havia caído nas mãos dos babilônios, os quais foram conquistados pelos persas liderados por Ciro, o Grande. Quando Ester enviou a convocação para todo o reino da Pérsia para que se unissem em oração e jejum, embora vivessem num país estrangeiro como consequência de sua prévia desobediência, ela esperava que eles fossem responder. Ela confiava que seria assim por causa de sua história em comum e de sua cultura de oração; eles entenderiam a importância do chamado e se mobilizariam em um exército de oração, conforme foram designados para ser.

DEIXANDO UMA MARCA NA HISTÓRIA

A inspiração e o exemplo do povo judeu como uma comunidade de oração resultaram no surgimento de outras comunidades de oração por toda a história da Igreja. Essas comunidades, fortalecidas pela herança do relacionamento de Deus com Seu povo ao longo da história da salvação, jamais teriam existido se não fosse pela realidade da aliança do povo de Deus que obedeceu a Seu comando de desenvolverem uma vida de oração. Através da força provida por Deus, essas comunidades têm carregado a chama da presença de Deus, a qual só pode ser permanente pela oração comprometida e corporativa.

Uma comunidade com essa referência foi a dos Morávios de Herrnhunt, Alemanha, que eram mais conhecidos por duas coisas: oração efetiva e missões transculturais. Dizer que esses dois aspectos do legado Morávio eram ligados constitui uma redundância. O combustível para seu principal legado foi o avanço da chama da oração corporativa ou congregacional, a qual os impulsionou para as nações do mundo a fim de divulgar o poder do Evangelho.

O Conde Nikolaus Ludwing Von Zinzendorf, o fundador de Herrnhunt e líder do movimento que eventualmente se tornou conhecido como a Igreja Moraviana, não era um aristocrata típico da Europa do século XVIII. Ele abriu sua propriedade particular para os cristãos perseguidos vindos de todas as esferas sociais – um estranho agrupamento de devotos piedosos expulsos das igrejas do estado.

Sob a liderança de Zinzendorf, os cristãos de Herrnhunt (que significa "os vigilantes do Senhor") promulgaram um impressionante feito histórico: um período documentado (começando em 1727) de cem anos consecutivos de dias e noites de oração organizados e ininterruptos. Esse nível de comprometimento com um estilo de vida de oração e uma estrutura de comunidade aliançada gerou enormes dividendos na vida dos moravianos.

Mais tarde na história de Ester, a mensagem da vitória de seu povo por meio do clamor em oração e jejum foi enviada a todas as províncias da Pérsia em seus vários idiomas e culturas. Similarmente, os moravianos foram a todas as nações da terra, levando a vários idiomas e culturas o decreto vitorioso do Rei Eterno de que a salvação e a redenção haviam se tornado acessíveis por intermédio de Jesus Cristo. Seu comprometimento apaixonado com o Reino de Deus traduziu-se em ação social e estratégias singulares visando ao avanço do Reino de Deus por toda a terra. Esses zelosos homens e mulheres chegaram ao extremo de venderem-se a si mesmos como escravos, a fim de que pudessem alcançar a crescente população de pessoas exploradas no Novo Mundo.

Por terem os moravianos se entregado a um estilo de vida de intercessão, o fruto de suas vidas ainda é evidente no mundo de hoje. Eles estão entre os personagens das páginas da história que, como Ester, clamaram e consequentemente mudaram o mundo. Suas orações fervorosas e bem-sucedidas moveram-nos à ação engajada e apaixonada. Hoje, aproximadamente trezentos anos mais tarde, o legado dos moravianos ainda permanece vivo, porque aquela comunidade imperfeita, mas perseverante de crentes, viveu de acordo com sua crença no lugar onde clamavam ao Senhor.

Em nossos dias, Deus deseja novamente nos levantar para que nos tornemos um povo corajoso como Ester, os Moravianos e vários outros comprometidos com o chamado à oração coletiva e ao jejum.

Encontros de oração não devem ser reservados apenas a doze preciosas senhoras que se reúnem às terças-feiras à noite em alguma sala dos fundos da igreja. (Graças a Deus por elas: o que seria de nós sem elas?) Não, oração é para que se levante e clame ao Senhor como uma nação de sacerdotes!

Chegou o tempo para que os homens de Deus assumam seu lugar como sacerdotes e intercessores por seus lares, para abençoar seus filhos e ordenar que sejam abençoadas as suas comunidades, cidades e nações. Onde estão as mulheres valentes que clamarão por um mundo perdido na depravação do pecado, que darão à luz aos propósitos de Deus para seus filhos e netos?

Devemos liberar os pequeninos para clamarem "Hosana" no templo, declarando o senhorio do homem Jesus Cristo (Mateus 21.15), e aplicar a pureza de sua fé a um mundo que necessita mais que nunca de Seus milagres.

Povo de Deus, é tempo de orar! Alguém está ouvindo o clamor do profeta Joel para nós hoje?

> Tocai a trombeta em Sião, santificai um jejum, convocai uma assembleia solene. Congregai o povo, santificai a congregação, ajuntai os anciãos, congregai as crianças, e os que mamam; saia o noivo da sua recâmara, e a noiva do seu aposento. (Joel 2.15- 17a)

Se reconhecermos a realidade das ameaças enfrentadas por Israel e a Igreja hoje (e toda a civilização ocidental), abanaremos a cabeça, dizendo: "Que vergonha que isso esteja acontecendo ao mundo..." ou nos levantaremos e faremos a única coisa que podemos fazer: clamar pela ajuda divina.

MOVIMENTOS MODERNOS

Alguns poucos dedicados têm estabelecido movi-mentos modernos de oração e jejum que tem influenciado reacendendo a chama da presença do Senhor, como nos dias antigos. Eventos semelhantes ao Dia Nacional de Oração e o Dia Mundial de Oração tem alcançado algumas nações e tem nos atraído novamente a estar centralizados na oração durante o tempo no qual vivemos.

Um dos mais extraordinários movimentos de oração de nossa época tem sido o movimento de "raiz de grama" denominado *Day Of Prayer For the Peace of Jerusalem* (Dia de Oração Pela Paz de Jerusalém - DPPJ), liderado pelo Eagle's

Wings Ministries (Ministério Asa de Águia) o qual em todo primeiro domingo de outubro mobiliza mais de 170 nações em todo o mundo para orar em concordância com a ordem da Palavra de Deus:

> Orai pela paz de Jerusalém; prosperarão aqueles que te amam. Haja paz dentro de teus muros, e prosperidade dentro dos teus palácios. Por causa dos meus irmãos e amigos, direi: Paz esteja em ti. (Salmos 122.6-8)

Nesse propósito, maior iniciativa de oração da história da igreja, concentrada em interceder em favor de Jerusalém, o DDPJ desperta milhares de crentes ao redor do mundo para honrar nossa herança judaica, permanecendo na brecha em favor de Israel, a raiz que suporta aqueles de nós que foram enxertados nela (Romanos 11.18).

Sinto que há um descaso no Corpo de Cristo referente à importância central de permanecer fielmente favorável ao Israel natural, orando por ele. Essa é a chave secreta que se constitui no ingrediente necessário para que sejamos fornalhas eficientes, gerando rompimentos efetivos pela oração em todo o mundo.

Somente quando aliarmos nossos valores e nossas orações às alianças que Deus estabeleceu com o povo judeu, nossas orações serão eficazes das maiores e mais poderosas formas, tal como Deus pretendeu que fossem.

O Dr. Jack Hayford, que é vice-diretor do DPPJ, fala da importância de orar por Israel: "Não há assunto mais importante hoje que nos leve a alinhar nossas orações com o Reino de Deus e Seu coração do que a questão de apoiar Israel e orar pela paz em Jerusalém. Os propósitos de Deus avançam poderosamente quando nos posicionamos em primeiro lugar com a terra e o povo de Sua aliança".

Se vamos nos unir e potencializar o avanço do Reino de Deus em nossa geração, devemos assumir o nosso lugar de "guardas sobre as muralhas" de Jerusalém e declarar que:

> Ó Jerusalém, sobre os teus muros pus guardas, que todo o dia e toda a noite jamais se calarão; ó vós, os que fazeis lembrar ao SENHOR, não haja descanso em vós, Nem deis a ele descanso, até que confirme, e até que ponha a Jerusalém por louvor na terra. (Isaías 62.6-7)

Em 15 de maio de 2008, em conjunto com a celebração dos sessenta anos de fundação do moderno Estado de Israel, Eagle's Wings promoveu o quarto Banquete anual de Oração por Jerusalém, na sede das Nações Unidas (ONU) na Cidade de Nova York. Mais de quinhentos convidados lotaram a sala de jantar naquela noite histórica, constituindo-se o primeiro evento de oração por Jerusalém na ONU, com a participação de centenas de judeus e líderes cristãos, religiosos, empresários e políticos.

O Banquete de Oração por Jerusalém, que foi transmitido pela GOD TV, foi concluído com um período de oração entre as lideranças cristãs judaicas abençoando todo o Israel. Vários líderes comentaram que nunca antes haviam participado de uma noite tão poderosa. Alguns dos judeus convidados ressaltaram a importância do evento, dizendo que jamais esqueceriam aquela noite. Essa mensagem deve se tornar geradora do chamado ao despertamento em nosso tempo: a determinação de orar efetivamente, frequentemente e fervorosamente pela implantação do Reino de Deus em Israel e em todas as nações.

É nossa incumbência clamar ao Senhor – especialmente nestes dias, quando é tão evidente que o islamismo fundamentalista aumenta o contingente de radicais inclinados a promover a destruição de todos aqueles que eles consideram "infiéis" (os não-mulçumanos).

Os homens cristãos em particular necessitam se levantar e enfrentar bravamente o futuro. As mesquitas estão repletas de homens desejosos de se levantar pelo que creem – nossos homens precisam ficar firmes, se queremos lutar por um mundo que dê às pessoas a liberdade de prestar culto segundo a direção de suas próprias consciências.

O secularismo é contrário à oração coletiva. Ele gerou a proibição da oração nas escolas, nas cortes de justiça, não permitindo nem mesmo a exibição dos Dez Mandamentos, dos quais deriva o código de moralidade de nosso sistema judicial.

Mas nós somos chamados a impactar cada área de nossa sociedade com o poder da oração.

UM CHAMADO AO CLAMOR

Estou convencido de que a igreja institucional ocidental não crê no poder da oração. Eu não acho que creiamos em oração. Não consigo pensar em uma razão melhor para não orarmos. Não oramos por muito tempo em nossas igrejas confortáveis do ocidente – não como fazem na Nigéria, na Coreia do Sul ou em Cuba – pelo menos ainda não, as perseguições ainda não começaram seriamente. Eu creio que Deus está realizando uma obra em levantar uma casa de confronto com outras casas de oração na terra. Eu creio que o Senhor está levantando a Sua casa de oração.

> Também os levarei ao meu santo monte, e os alegrarei na minha casa de oração; os seus holocaustos e os seus sacrifícios serão aceitos no meu altar; porque a minha casa será chamada casa de oração para todos os povos (Isaías 56.7).

Neste momento crítico da história da humanidade, não é suficiente para nós que uma Ester corporativa moderna perceba a realidade do que está acontecendo diante dos nossos olhos. Precisamos ser como os filhos de Issacar, que entendiam os tempos e sabiam o que fazer (1 Crônicas 12.52). E a primeira coisa que devemos fazer é clamar. Ter um estilo de vida de intercessão fervorosa, perseverante e desesperada é o único modo de sabermos como agir durante os tempos difíceis que estão por vir. É imperativo que busquemos o poder do Alto para obtermos socorro sobrenatural e estratégias sobrenaturais – e precisamos faze-lo já.

> Cheguemos, pois, com confiança ao trono da graça, para que possamos alcançar misericórdia e achar graça, a fim de sermos ajudados em tempo oportuno. (Hebreus 4.16)

O exemplo de Ester é uma mensagem para os nossos dias. Quando parece que toda esperança está perdida, quando parece que você não sabe o que fazer e é tentado a tomar os problemas em suas mãos, erga suas mãos para os Céus.

- Ore;
- Jejue;
- Porque há um Deus no Céu que ouve e responde.

CAPÍTULO 9
ROMPIMENTO 3: CONVICÇÃO E DETERMINAÇÃO

Os lugares mais quentes do inferno são reservados àqueles que, em ocasiões de crise moral, mantém sua neutralidade.

Dante, O inferno

Ter uma vida orientada pelas nossas convicções não é uma realidade vista com frequência nesses dias. Presenciamos desde multimilionários CEOs fazendo transações financeiras fraudulentas que causam prejuízos devastadores nos mercados financeiros e nas vidas de milhares de pessoas, à escândalos que explodem no seio da Igreja. Em todos os lugares, parece que os padrões éticos que já foram no passado a base da sociedade, agora são considerados, no mínimo, retrógrados, obsoletos ou ultrapassados. O conceito de convicção moral é algo relativo, a ser questionado, suspeito e desafiado, em vez de ser celebrado. A tolerância agora é a nova virtude, arremedada a conduta moral.

Quanto mais eu estudo os conflitos ao longo da história humana, mais intrigado me torno diante das escolhas que as pessoas fazem e porque as fazem. E me pergunto: O que faz de uma pessoa um covarde ou um herói?

Em todo conflito, há sempre três partes: os agressores, as vítimas e os espectadores. O que distingue esses três grupos é o nível de escolha que cada um possui dentro da situação.

- Os agressores são aqueles, cuja escolha virou, na verdade, conflito.
- As vítimas são aquelas que possuem opções limitadas – que sofrem as consequências das escolhas feitas por outros e precisam lutar para ver pelo menos um pequeno sinal de esperança de que sua situação irá mudar.
- Ao contrário das vítimas, os espectadores têm o poder de fazer suas próprias escolhas. Eles têm de escolher com que lado do conflito eles se identificarão.

Diante disso, o que leva um espectador a fazer a escolha certa (heroica), e o que motiva outro a fazer a escolha errada (covarde)?

Nossa coragem (assunto que examinaremos no próximo capítulo) é produto de nossas convicções: as crenças que conservamos no mais íntimo do nosso ser. Eu acredito que, de modo geral, aqueles que demonstram convicções admiráveis são os que não permitem calar a voz interior dessas crenças e vivem diante de Deus com uma consciência limpa. Eles vivem em justo temor a Deus e, por isso, não temem o homem.

Mordecai foi um homem de profundas convicções. Lembre-se, foi esse fato que o colocou em problemas com Hamã desde o princípio. A recusa de Mordecai em se prostrar ao orgulho de Hamã marcou-o como um homem singular, um homem que não daria sequer uma polegada para a injustiça.

Você pode vê-lo agora, enquanto ele caminha até a sua posição à porta do palácio a cada manhã, mantendo resolutamente sua dignidade enquanto passa por Hamã? Isso não significa que Mordecai desejava despertar o ódio de Hamã, mas as pessoas que não possuem integridade são naturalmente ressentidas com aquelas que a têm.

CONVICÇÃO DE REI

Cena: Dinamarca, século XX, quando o conflito de Hitler, que logo se tornaria de natureza global, começa a se espalhar por toda a Europa. Aqui, encontramos o rei Cristiano X da Dinamarca. Visto como uma personalidade arcaica, o velho monarca não parecia desfrutar de popularidade entre seus súditos. O fato de que ele foi capaz de gerar o mais eficaz movimento de resistência contra o nazismo é que nos faz considerar sua convicção pessoal tão impressionante quanto inspiradora.

Quando os nazistas invadiram as nações da Europa, vários monarcas europeus abandonaram seus tronos e fugiram para a Grã-Bretanha. Mas Cristiano X permaneceu onde o seu senso de dever sempre o manteve: com seu povo. Por todos os anos da ocupação, o velho rei continuava a fazer sua cavalgada diária, desarmado e sem guarda-costas, pelas ruas de Copenhagen.

Sua simples demonstração de segurança pessoal, de presença, comunicava, ainda que serenamente, um notável desafio contra as tropas que se instalaram em seu reino. Esse fato também impressionou os cidadãos da Dinamarca que responderam aos invasores com similar insubordinação.

Apesar de inicialmente adaptados à ocupação do exército alemão, os cidadãos dinamarqueses desenvolveram crescente aversão a eles. Alguns anos após a invasão inicial, eles começaram a usar sinais visíveis que revelavam sua oposição: colocavam broches exibindo sua bandeira nacional e o emblema do rei presos em suas camisas como uma demonstração de solidariedade nacional.

Em acréscimo à oposição do rei contra o nazismo, há relatos de censuras de Cristiano X dirigidas a Hitler, quando o ditador lhe enviou congratulações por ocasião do aniversário do rei. Em resposta às lisonjas de Hitler, o nobre rei enviou o que ele considerou a mais extravagante demonstração de apreciação que sua consciência permitiu: "Meus melhores agradecimentos". Diante dessa reação fria do monarca, o ultrajado Hitler cortou relações diplomáticas com a Dinamarca e retirou suas congratulações.

Com o passar dos anos, Hitler criou um plano para lidar com o "alegado problema" dos judeus. Quando os nazistas marcharam em direção à sua solução final, eles planejaram uma invasão da Dinamarca na qual iriam aprisionar todos os judeus que viviam no país e deportá-los para os campos de concentração.

Foi divulgado que as forças nazistas levariam a cabo essa missão em primeiro de outubro, coincidentemente, o ano novo judaico de 1943. Os cidadãos da Dinamarca responderam com uma ação decisiva e imediata.

Eles levaram seus vizinhos judeus para suas casas, a fim de escondê-los até que pudessem ser conduzidos em segurança à vizinha Suécia. A força policial da Dinamarca e a guarda costeira recusaram-se a cooperar com os nazistas em suas buscas aos judeus. Vários soldados foram convencidos a fazer "vista grossa". O povo da Dinamarca uniu-se para orquestrar a operação de resgate. Disfarçadamente, libertou em segurança quase toda a população de judeus da Dinamarca, enviando-os para terras estrangeiras pelo único meio de transporte disponível a eles: barcos pesqueiros.

As poucas centenas que não foram resgatadas, mas capturadas e levadas para campos de trabalhos forçados, foram assistidas com o melhor possível por seus compatriotas dinamarqueses e mantidas vivas a despeito das condições sombrias em que viviam. Através de negociações diplomáticas, os líderes dinamarqueses solicitaram aos nazistas que não enviassem seus cidadãos judeus aos campos da morte, e, surpreendentemente, tiveram seu apelo atendido. Muitas dessas vítimas sobreviveram para ver o Dia da Vitória na Europa, em oito de maio de 1945.

Como se já não fosse surpreendente o bastante, quando os judeus dinamarqueses retornaram para suas casas, encontraram-nas intactas, livres de pilhagem, protegidas pelos cidadãos (enquanto que, em outros países da Europa, as propriedades dos judeus foram confiscadas) e conservadas em boas condições para que eles pudessem se realojar e recomeçar suas vidas.

Esse extraordinário relato de resistência nacional criou um padrão de conduta o qual temos a obrigação moral de imitar. Nessa única nação, os esforços nazistas pela aniquilação sistemática dos judeus foram impedidos, graças às ousadas e altruístas ações do povo dinamarquês. Não esqueçamos que tudo começou com um idoso rei que se recusou a permitir que o valentão o expulsasse de seu trono.

Emocionante, não é? É sempre muito inspirador ouvir histórias como essa. Mas eu sempre acabo me perguntando: se fosse eu, no lugar do rei, será que teria agido tão resolutamente quanto ele? E se fosse você? E se a história de suas decisões em vida (não o que você disse, mas o que você fez) fosse registrada nos anais da história humana, o que seria escrito a seu respeito?

As convicções de Mordecai, como as de muitos outros no decorrer da história deixaram um claro testemunho do que representa ser arraigado aos seus princípios. Seja opondo-se ao que estava errado ou posicionando-se em favor do que era correto, Mordecai era uma pessoa de profunda convicção. Mas Mordecai não estava no palácio. Ele não estava na posição de apelar para o rei. Ester é que se encontrava nessa posição. Mas seria ela uma pessoa determinada e convicta?

Conforme já vimos na primeira parte da história, Ester era de um caráter muito passivo. Ela foi criada para discernir o certo do errado; contudo, no final das contas, quem era ela realmente? Sabemos quem era Mordecai – suas atitudes deixaram bem claro desde o princípio. Mas, quando a bola é passada para Ester, de repente ficamos imaginando qual será a escolha que ela fará. Num momento, num instante, tudo isso emerge em função da questão sobre o que ela crê. Será que Ester conhece suas convicções?

Apenas alguns capítulos atrás, você leu sobre a transformação interior de Ester e estudou sobre sua conhecida decisão: "Eu irei ao rei, ainda que isso seja contra a lei; se perecer, pereci!". Ester enfrentou a necessidade de escolher quando chegou ao seu momento "ainda que".

Depois de reconhecer a realidade de sua situação e clamar a Deus por misericórdia, antes de tomar a decisão de comparecer perante o rei, Ester precisou determinar quais eram suas próprias convicções. Nossas convicções determinam nossas ações, e nossas ações, por sua vez, determinam nosso destino. Nossas convicções não estão pautadas no que gostaríamos de crer ou na nossa admiração pelas convicções alheias. Afinal de contas, nossas convicções são demonstradas pelo que estamos dispostos a fazer em favor do que cremos. A atitude revela o que realmente somos.

MOMENTOS "AINDA QUE"

> Vai, ajunta a todos os judeus que se acharem em Susã, e jejuai por mim, e não comais nem bebais por três dias, nem de dia nem de noite, e eu e as minhas servas também assim jejuaremos. E assim irei ter com o rei, ainda que não seja segundo a lei; e se perecer, pereci. (Ester 4.16)

Nem todos os momentos "ainda que" são tão dramáticos quanto o de Ester. As pessoas fazem escolhas aparentemente insignificantes todos os dias que na verdade determinam mais de nosso futuro individual e coletivo do que somos capazes de imaginar. Todos nós enfrentamos um momento "ainda que" – um momento em que temos de assumir uma posição, não importam as consequências.

Evidentemente você pode recordar os momentos "ainda que" em sua própria vida. Possivelmente foi quando você manifestou discordância com um comentário tendencioso do seu professor, apesar de saber que sua atitude provocaria a diminuição de sua nota curricular. Seu momento "ainda que" pode ter sido quando você escolheu ir para casa depois do trabalho, ainda que os "figurões" estivessem indo para programas de *happy hour*.

Estou convencido de que Deus trará cada crente a um momento "ainda que". Ele está nos trazendo a um ponto em que nos tornamos cientes quanto ao preço a ser pago; quanto ao fato de que há certas escolhas que nos são concedidas e cujas consequências transcendem o âmbito do nosso entendimento.

As Escrituras possuem diversos exemplos a serem seguidos em nosso desejo de evitar os meios incondicionais. Os três rapazes hebreus, Sadraque, Mesaque e Abednego que estavam, como Ester, vivendo no exílio e sob a autoridade de um rei pagão, chegaram ao seu momento "ainda que", quando enfrentaram a ordem de se curvar diante da estátua colossal do ídolo que ele havia erguido. Os três jovens poderiam escolher entre adorar o falso deus ou serem lançados dentro da fornalha ardente.

Se formos honestos, admitiremos que seríamos tentados a pelo menos nos curvar um pouquinho, polidamente, diante da estátua, para salvar nossa pele. Afinal de contas, que mal poderia haver nisso? O homem vê o exterior, mas Deus vê o coração.

O que precisamos ter em mente é que a única coisa que realmente se consegue ao sair-se bem numa situação dessas é prolongar o inevitável. Eventualmente, aqueles a quem acreditávamos ter apaziguado irão executar sua manifesta agressão contra nós.

Aqueles três jovens sabiam que saltar a cerca não adiantava, e sua resposta audaciosa ao decreto do rei exigia tanta coragem quanto demandou a resposta de Ester. Observe o momento "ainda que" deles:

> Responderam Sadraque, Mesaque e Abednego, e disseram ao rei Nabucodonosor: Não necessitamos de te responder sobre este negócio. Eis que o nosso Deus, a quem nós servimos, é que nos pode livrar; ele nos livrará da fornalha de fogo ardente, e da tua mão, ó rei. E, se não, fica sabendo ó rei, que não serviremos a teus deuses nem adoraremos a estátua de ouro que levantaste. (Daniel 3.16-18)

Esses não foram os únicos legados de fé. Abraão levantou o cutelo para sacrificar Isaque, ainda que ele fosse seu único filho. Moisés compareceu perante o faraó em favor de seu povo ainda que ele não acreditasse que era o homem certo para a função. Salomão pediu a Deus sabedoria ainda que pudesse ter pedido riquezas e felicidade. Maria disse sim à anunciação do anjo a respeito de sua gravidez ainda que não fosse casada. Jesus morreu na cruz ainda que pudesse ter vivido para sempre como um Homem incorruptível na terra.

Onde estaríamos nós hoje, se algum deles tivesse decidido ir numa direção diferente? E será que nós compreendemos que as futuras gerações olharão para trás e farão as mesmas perguntas a nosso respeito?

NOSSA ESCOLHA

Ninguém pode escolher por nós. Não é suficiente ir a todos os cultos, ler toda a Bíblia, relacionar-se com as pessoas certas e falar tudo certo. Sempre será aquilo que, no fundo do nosso coração, estamos convencidos de que recorreremos quando a pressão vier.

Deus honrou a todos aqueles personagens bíblicos que demonstraram convicção determinada. Muitos deles receberam sua honra neste mundo, outros receberam a glória do martírio e alcançaram uma herança eterna no porvir. Daniel não se tornou almoço para os leões. O trio não se tornou tochas na fornalha. O rei de Ester não a decapitou. O Golias de Davi não o esmagou sob suas botas gigantes.

Deus foi a defesa deles, sua torre forte. E, agora, nós temos a oportunidade de permitir que Deus seja fiel a nós em nossos momentos de "ainda que", ao tomarmos corajosas decisões.

Há um pequeno versículo no Livro de Ester que é fácil de ignorar, mas que sempre, por alguma razão, chamou minha atenção. É o versículo seguinte à decisão de Ester: "Se perecer, pereci". Observe essa intrigante mudança dos eventos, os quais seguem imediatamente a declaração de Ester e sua instrução quanto ao chamado para o jejum em Susã: *"Então Mordecai foi, e fez conforme a tudo quanto Ester lhe ordenou"* (Ester 4.17).

As coisas não costumavam ser assim antes. Ester ouvia os conselhos prudentes e oportunos de seu tutor. De repente, é Mordecai que passa a receber ordens de uma moça inexperiente! Uma vez que conhecemos nossas convicções, tudo muda, inclusive nós mesmos.

Eu creio que essa é uma alegoria de como o Espírito Santo deseja não apenas falar a nós, mas também falar através de nós. Estou certo de que Mordecai estava emocionado ao ver Ester finalmente assumindo sua verdadeira identidade e rogando-lhe que agisse em seu favor.

Que impressionante retrato do poder intercessor do Espírito Santo! "O próprio Espírito Santo intercede por nós com gemidos inexprimíveis" (Romanos 8.26). Na verdade, Deus deseja ser nosso parceiro na missão que nos foi confiada. O Evangelho de Marcos declara que, depois que Jesus ascendeu aos Céus, os discípulos partiram para cumprir a Grande Missão, "cooperando com eles o Senhor" (Marcos 16.20). Quanta humildade! Essa parceria conosco é a maneira pela qual Deus honra aqueles que estão determinados a honrá-lo.

Isso não significa que defender suas convicções não custa um preço. Os santos do Antigo Testamento, tanto quanto os de hoje, pagaram um preço muito alto e, em alguns casos, pagaram o preço máximo, para manterem-se fiéis às suas convicções.

Eu me recordo da história de Casper Ten Boom, um ancião holandês que sustentou uma crença fiel de que os judeus eram o povo escolhido de Deus. Casper possuía uma relojoaria em sua casa em Haarlem, onde sua filha Corrie e outros filhos cresceram. Uma família conservadora da Igreja Reformada Holandesa, os Ten Booms ensinaram seus filhos a amarem o povo judeu e a servir a Deus e às pessoas. Apesar de sua mulher ter falecido em 1921, Casper continuou a instruir suas filhas no estilo de vida consagrada a Deus em seus últimos anos de vida, quando estourou a Segunda Guerra Mundial e os alemães invadiram os países baixos em 1940.

Casper sabia pelo que vivia. Depois que seus filhos estavam criados e alguns deles se mudaram, ele tomou onze crianças órfãs e criou-as como se fossem seus filhos. Essa foi sua convicção durante os tempos de guerra – um legado que ele transferiu para sua família – que inspirou incontáveis crentes a se identificarem com a semente de Abraão, mesmo durante os tempos de perseguição. Determinados a fazer o que era certo aos olhos de Deus, os Ten Booms providenciaram um refúgio seguro para vários judeus atrás de uma parede falsa no quarto de Corrie, conforme registrado no notável livro "O Refúgio Secreto", escrito por Corrie Ten Boom.

As fortes convicções de Casper são reveladas em uma situação no qual uma mãe judia com seu bebê prematuro foram trazidos a porta da casa dele, em busca de segurança. Corrie perguntou a um pastor que estava visitando a relojoaria se ele levaria e esconderia a criança onde seria menos provável que a perspicácia dos soldados de Hitler o encontrassem.

Quando o pastor exclamou que poderia perder sua vida se levasse a criança com ele para casa, Casper tomou-a nos braços e respondeu: "Você diz que poderíamos perder nossas vidas por esta criança. Eu consideraria isso a maior honra que poderia ser concedida à minha família".

Não muitos anos mais tarde, após ter sido preso pela polícia sob a suspeita de que estivesse dando abrigo a judeus, Casper, com oitenta e quatro anos na época, recebeu a oportunidade de retornar a sua casa em paz por causa de sua idade. A única condição que lhe deram os interrogadores foi que ele prometesse cessar sua atividade ilegal de abrigar judeus. A resposta instantânea e honesta de Casper foi: "se eu for para casa hoje, amanhã eu abrirei as portas de minha casa novamente para todos os que estiverem em necessidade". Então os nazistas o puseram sob custódia – e veio a falecer poucos dias depois –, porque ele havia determinado suas convicções e lutou por elas até o fim.

ALGO PELO QUE LUTAR

Conforme disse no início deste capítulo, as pessoas que não possuem convicções morais saudáveis estão sempre em desacordo com aqueles que as têm. Esse fato frequentemente cria tensão entre as partes. Não significa que as pessoas de convicção queiram conflitos, mas que se recusam a substituir a verdade pela falsa paz.

Jesus diz no Sermão das bem-aventuranças: "*Bem-aventurados os pacificadores, porque eles serão chamados filhos de Deus*" (Mateus 5.9). Eu creio que essa referência bíblica é frequentemente mal compreendida, vista como um chamado a concordância com os dissidentes. Mas o texto é muito claro quando diz: "pacificadores". Eventualmente, é necessário fazer guerra para se obter a paz. Franklin Delano Roosevelt, ex-Presidente dos Estados Unidos, aplicou bem esse princípio, quando fez o seguinte pronunciamento: "Se eu tiver que escolher entre a justiça e a paz, eu escolho a justiça".

A guerra é uma coisa terrível. E, como servos de Deus, temos o dever de trabalhar e orar pela paz, o máximo possível. Contudo, algumas vezes, temos também o dever de lutar pela paz. A história revela o erro de ignorar, em função de nossa própria covardia moral, as atitudes indefensáveis daqueles que odeiam a paz.

Davi foi um homem de guerra. Até mesmo em sua juventude, ele derrotou ursos e gigantes. Lembramo-nos das filhas de Israel cantando: "*Saul feriu os seus milhares, porém, Davi os seus dez milhares*" (1 Samuel

18.7). O interessante é que foi durante um período em que Davi não estava no campo de batalha com seu exército que ele se achou enredado em um pecado abominável. Davi cometeu adultério com a mulher de outro homem, quando deveria estar no campo de combate (2 Samuel 11).

O que se seguiu após este malfeito foi outro pecado ainda mais grave: assassinato. Davi manda que o marido de Betseba seja colocado nas linhas de frente da batalha, a fim de que seja morto no combate, o que de fato acontece. O filho que Betseba concebeu com Davi morre poucos dias depois de nascido (2 Samuel 12.18). A lição que fica é que, quando aqueles que deveriam estar cumprindo o curso moral em favor de sua nação falham em fazê-lo, eles não acabam salvando vidas; na verdade, criam mais calamidade no processo. Davi pertencia ao campo de batalha, mas ele estava em paz no palácio.

Eu gostaria de poder perguntar a Neville Chamberlains hoje: "Se as forças aliadas tivessem agido logo, quantas vidas que foram perdidas no campo de batalha e nos fornos de cremação teriam sido salvas, enquanto o mundo se senta ocioso, decidindo-se em relação ao conflito?

Será que o destino de outros países Europeus não teria sido diferente, se seus monarcas tivessem se recusado a abandonar seus tronos durante a ocupação nazista? Os governantes da Polônia e da Holanda, por exemplo, foram para o exílio.

De acordo com estimativas, aproximadamente três milhões e trezentos mil judeus poloneses foram mortos (91%) e cem mil dos cento e quarenta mil judeus dos Países Baixos (71%) caíram vítimas da campanha de exterminação de Hitler.

Contrastando com cem, dos sete mil e oitocentos judeus dinamarqueses, que perderam suas vidas sob o reinado do Rei Cristiano X, a resposta e abundantemente clara[14].

O que é seguramente certo é que aqueles que se posicionaram pelas convicções sagradas fizeram uma tremenda diferença e salvaram muitas vidas. Os nomes de Casper e Corrie Ten Boom foram transmitidos à próxima geração, por meio da narração de seu heroico legado. Ninguém se lembra dos covardes anônimos que os delataram.

Neutralidade é apenas ilusão. Aqueles que não são por Deus, são contra Ele, conforme o próprio Jesus declarou: "*Quem não é comigo é contra mim*; " (Mateus 12.30a). Quando o inevitável não pode ser adiado nem mais um minuto e a linha é desenhada na areia, todos terão de escolher de que lado vão ficar. Tudo na vida é um ensaio para esses momentos de clareza, quando principados e poderes espirituais são presos ou liberados através de nosso medo ou de nossa fé.

---

[14]"Judeus mortos da Polônia, Países Baixos, Dinamarca". Fonte: http://www.historyplace.com/worldwar2/holocaust/h-statistics.htm.

Como foi com Ester, cedo ou tarde aquilo em que cremos terá de se manifestar. Por que não decidir já?

Por quanto tempo mais vamos permitir que o secularismo nos oprima? Por quanto tempo permitiremos que o sistema dirigido pelos compromissos pré-estabelecidos nos intimide? Por quanto tempo ainda vamos permitir que os magnatas de *Holywood* nos difamem? Até quando deixaremos que os sistemas públicos escolares continuem fazendo lavagem cerebral em nossas crianças? Por quanto tempo ainda vamos permitir que os planos do Islã radical avancem antes que compreendamos a futilidade da pacificação? Já é tempo de se tomar atitude, e a pessoa indicada a fazê-lo é você.

Posicione sua vida de tal maneira que Deus possa se levantar forte, profundo e firme no interior do seu espírito. Torne-se um transformador do mundo. Viva com um "ainda que" em seu espírito. Tenha em seu espírito uma convicção que o libere para cumprir a vontade de Deus custe o que custar. Quando você o fizer, saberá que, em acréscimo ao fato de ser uma pessoa de convicção, você exibirá também grande coragem.

CAPÍTULO 10
ROMPIMENTO 4: CORAGEM

Coragem não é simplesmente uma das virtudes, mas a forma de toda virtude no ponto de prova...
C.S Lewis

O mundo não é perigoso por causa daqueles que causam danos, mas por causa daqueles que assistem sem fazer nada.
Albert Einstein

O pequeno Frodo Baggins tremia de medo, enquanto tentava dormir na mata assustadora da Terra Média. Ele deu uma olhadela para Sam ao seu lado. Estaria ele dormindo? Respirava pesadamente. Eles não teriam descanso na jornada que ainda tinham pela frente. Estavam a caminho de realizar sua missão: levar o Anel ao lugar onde foi forjado, as profundezas das trevas da Montanha da Perdição, para ser destruído e desfeito. O próprio Frodo imaginava se iria conseguir algum descanso por toda aquela noite.

Se Frodo fosse bem-sucedido, ele acabaria com aquela grande força sinistra que tinha vindo contra os *hobbits*[15], elfos e homens. Se ele fosse bem-sucedido.

Eles haviam estado em sua traiçoeira jornada pelo tempo que lhes pareceu uma eternidade e seu destino estava ainda muito longe. Frodo estava cansado da terrível nuvem de incerteza sob a qual estava vivendo. Enquanto carregava o pesado anel pendurado em seu pescoço, sentia náusea – aquela mistura familiar de dor no estômago de tanto medo com a consciência da seriedade de sua missão. Como pode acontecer de ser ele o escolhido para uma atribuição tão perigosa?

A despeito daquelas trevas degradantes e úmidas que se abateram sobre a terra, Frodo viu-se pensando em Gandalf, o sábio conselheiro deles, que deveria estar orgulhoso do progresso lento, mas firme, de sua jornada. Ele sorriu quando uma pálida chama de coragem começou a arder em seu interior. Mesmo ele, um *hobbit* insignificante e uma escolha improvável para a missão que lhe fora confiada, pode encontrar em seu interior a coragem necessária para prosseguir. Afinal de contas, ele tinha o fiel Sam sempre ao seu lado. Frodo ouviu o rugir de um trovão ressoando ao longe. Coragem. Ele

---

[15]Raça imaginária, que teria metade do tamanho de uma pessoa, criada pelo escritor britânico J. R. R. Tolkien (1892-1973) na obra "O Senhor dos Anéis".

iria precisar de muita. Mas, mesmo que as circunstâncias estivessem contra eles, Frodo tinha certeza que de alguma maneira eles conseguiriam cumprir a tarefa. Eles tinham que conseguir.

Com a ajuda de Mordecai, Ester despertou e reconheceu sua realidade precária. Ela tomou a decisão de clamar primeiro ao Senhor pedindo ajuda. Assim, determinou quem ela era e em quem ela cria realmente. Mas todos esses fatos eram precursores do verdadeiro confronto que seria necessário. Agora ela precisaria definir a maneira de transpor o caminho traiçoeiro que estava adiante. Antes de o rei sentar-se no trono, a cortina foi aberta e chegou a hora de Ester fazer a grande entrada. Depois disso não haveria mais volta. Isso foi mais que uma história, foi a luta de vida ou morte do povo de Ester. Ela sabia o que deveria fazer. O momento para o qual ela fora criada havia chegado.

Seja na imaginária Terra Média em *"O Senhor dos Anéis"* de J.R.R Tolkien, no bíblico palácio Persa da antiga Susã, ou no mundo real do século XXI, o tema da coragem irá despertar um acorde no mais íntimo do nosso espírito. Temas de filmes e histórias dramáticas tem o poder de inspirar-nos, contudo é necessário que encontremos uma maneira de aplicar a emoção que sentimos no cinema em nossa realidade – no papel para o qual fomos chamados a representar.

A CORAGEM PERDIDA

A coragem genuína, que já foi um componente essencial para a vida diária, parece ter se perdido nos dias atuais. Nossos antepassados não teriam ido tão longe no novo mundo sem ela. Peregrinos nos mares rochosos, patriotas lutando pela liberdade da nação, pioneiros atravessando as planícies selvagens. Houve um tempo em que coragem era quase sinônimo de deixar tudo por um futuro desconhecido e encontrar forças necessárias para sobreviver.

Desde o trauma da Segunda Guerra Mundial, a sociedade ocidental retrocedeu para dentro de uma existência essencialmente segura e confortável, que não enfrenta o inimigo cada vez mais presente no dia-a-dia. Mas, por causa deste conforto, como no caso do Brasil que jamais foi invadido pela guerra prolongada e multinacional em seu próprio território, temos de algum modo nos transformado em uma nação que fala de coragem, assiste a filmes sobre o tema, mas que, na vida real, tem poucas necessidades de demonstrar essa coragem.

Dinheiro? Precisamos. Poder? Precisamos também. Mas e a coragem? Somos persuadidos a pensar que somos capazes de agir sem ela. O que aconteceria se seu plano de aposentadoria fosse retirado? Como seria se não tivéssemos mais o luxo da segurança e da proteção? Será que temos coragem? Será que pelo menos sabemos o que é isso?

É necessária que apenas uma geração não experimente em primeira mão algum conceito para que o mesmo seja considerado um mito em vez de realidade. Os filhos dessa geração crescem considerando a coragem como o tema de alguma história fictícia, em vez de vê-la como a realidade de cada dia.

Espiritualmente falando, os cristãos das nações ocidentais estão perdendo a coragem em sua fé, por não viverem em um ambiente ameaçador. Enquanto nossos irmãos e irmãs pelo mundo afora estão dando suas vidas por sua fé, e os jovens muçulmanos prendem bombas em seus corpos em nome de Alá, nós lutamos para gerar uma cultura de fé forte o suficiente para que nossos jovens se posicionem em volta da bandeira nacional, um dia por ano, para alguns minutos de oração.

Na verdade, a coragem para enfrentar forças e adversários exteriores não é exigida da grande maioria dos ocidentais do século XXI. E o que dizer da necessidade de coragem que temos como cristãos, seja qual for a nossa nacionalidade? O que diz a Bíblia sobre a necessidade de valor na vida do crente? Onde a necessidade de bravura se encaixa no cristianismo contemporâneo?

Se você já leu pelo menos uma porção da Bíblia, saberá que suas páginas estão cheias de exemplos de pessoas reais que enfrentaram situações bem reais e que exigiam delas uma coragem mais real ainda. Vez após vez, Deus diz a Seu povo, individualmente ou coletivamente: "Não temas!".

Por que a necessidade desse comando? Porque a maioria da humanidade, em todas as eras, enfrentou muitas razões legítimas para ter medo!

Os gigantes ocupando a terra da promessa de Israel, intimidando os espias hebreus. As ameaças mortais lançadas contra o profeta Elias pela perversa rainha Jezabel. Os múltiplos naufrágios que Paulo enfrentou em suas perigosas jornadas apostólicas. As advertências hostis das autoridades, proibindo os discípulos de falarem em nome de Jesus. As pedras sendo atiradas contra Estêvão, enquanto ele contemplava os céus abertos. Os bárbaros romanos, que empregavam a crucificação como penalidade de morte para aqueles que considerassem uma ameaça ao governo deles.

Não importa a época, nada em lugar algum das Escrituras foi alcançado por alguém que não tivesse grande coragem diante de um perigo genuíno (na maioria das vezes, de natureza física). Não apenas um perigo emocional, estresse ou ansiedade, mas um medo real, tangível, por suas vidas e as de seus familiares.

Porque razão deveria ser diferente conosco? Onde está escrito que nossas vidas serão isentas das lutas e perseguições experimentadas por cada geração que andou nos caminhos de Deus?

Portanto, coragem, e muita coragem, é o pré-requisito para se andar nos propósitos de Deus. O medo deve ser banido e a coragem abraçada.

Nossos amigos judeus têm uma especial apreciação e entendimento da profundidade da palavra hebraica para coragem, *Chazak*, usada no Salmo 27.11:

> Ensina-me, SENHOR, o teu caminho, e guia-me pela vereda direita, por causa dos meus inimigos.

Alguns significados atribuídos à palavra *Chazak* (Khaw-zac') são: "impor, apoderar-se, ser forte, fortalecer, segurar, conquistar". Um comentário desse versículo diz o seguinte: "...espere no Senhor, seja valente e decidido em suas convicções, e então Deus instilará coragem ao teu coração". Curiosamente, você dá o primeiro passo de fé, obedecendo ao mitzvah (mandamento) de esperar no Senhor, e então Deus faz com que seu coração seja cheio com coragem (o verbo *amets é hiphil*, que significa que o Senhor produz a coragem dentro de você).

Nós da civilização ocidental não estamos habituados à necessidade de coragem, mas agora precisamos recuperar esta virtude perdida, vivê-la e ensiná-la aos nossos filhos. Ester não tinha ideia de como sua vida teria tantas ramificações ao longo de gerações. Semelhantemente, não temos ideia de como Deus deseja nos posicionar nos lugares ideais no momento certo, a fim de cumprirmos um feito crucial, que tem o potencial de mudar tudo. Devemos estar preparados para esse momento.

Como nos dias de Ester, Daniel profetizou que viria um tempo em que o povo de Deus necessitaria de piedosa coragem. *"E aos violadores da aliança ele com lisonjas perverterá, mas o povo que conhece ao seu Deus se tornará forte e fará proezas"* (Daniel 11.32).

Este versículo não me fala somente sobre o futuro, mas também de hoje, da necessidade de pessoas que temem a Deus e que, não importa o que aconteça, conhecerão o Senhor, serão fortes e realizarão atos corajosos por amor de Seu nome. Para realizar as proezas do Reino que fomos designados a executar, devemos conhecer nosso Deus, conhecer nossos valores e convicções na estrada reta da coragem.

A FACE DA CORAGEM

Elisabeth Elliot teve que tomar uma dolorosa e inimaginável decisão, quando seu marido Jim, de apenas vinte e oito anos de idade, foi brutalmente morto pelos nativos de Auca, nas florestas do Equador em 1956, junto com outros missionários. Se você estivesse na posição de Elizabeth, naquela situação de extrema devastação, você creria que Deus o tivesse chamado para aquele campo missionário? Ou você pensaria que tudo não passava de um grande engano?

A bravura de Elizabeth a conduziu a tomar sua filhinha, que apenas começara a andar, e voltar ao mesmo povo que assassinara seu marido para levar-lhes as boas novas do Evangelho. Diversas pessoas na tribo creram e, até hoje, transmitem sua fé às gerações seguintes. O lema do marido de Elizabeth era: "Ele não é tolo como quem dá o que não pode reter para ganhar o que não pode perder." Esta declaração, tão perfeitamente colocada, é o testemunho de sua coragem.

É necessário ter coragem para se opor aos Hamás do mundo atual. Demandou coragem para Winston Churchill permanecer firme contra a opinião popular corrente em seus dias. A família de Corrie Ten Boom precisou ter coragem para agir contra o Terceiro Reich e salvar judeus dos campos de morte de Hitler. Foi necessário coragem para que William Wilberforce trabalhasse incansavelmente contra a abominável escravidão vigente na Inglaterra. Demanda coragem para nossos irmãos e irmãs por todo o mundo permanecerem em seu território, enquanto enfrentam intensa perseguição hoje em países como China, Sudão, Afeganistão, Indonésia e na Europa ex-Cristã.

A coragem é requerida de mim e de você para pagarmos o preço e nos entregarmos inteiramente, sem reservas, pelo Reino de Deus. Nossa necessidade pessoal de coragem nos dias atuais não está muito distante, está à mão. Nossos irmãos e irmãs por todo o mundo, neste momento, estão vivendo em perseguição tão extrema que exige deles uma coragem de proporções bíblicas.

A Faixa de Gaza. Uma região que tem sido dominada pelos terroristas do grupo Hamas e usada como base de lançamento de inúmeros mísseis Qassam contra cidades de Israel, tal como Sderot. Muitas vezes, esses mísseis são propositadamente lançados de escolas ou outros locais onde estão mulheres e crianças, para forçar os militares das forças de Israel a hesitar antes de revidar os ataques. Em adição e esse conflito, os habitantes de Gaza precisam enfrentar a cruel e repressiva lei Shari'ah[16] imposta pelo Hamas às suas comunidades. Diariamente, eles vivem em uma atmosfera de trepidação, temendo as sirenes que avisam sobre o próximo ataque.

Rami Ayyad, um cristão árabe que vivia em Gaza com sua esposa, duas crianças pequenas e uma terceira a caminho, dirigia a única livraria cristã em Gaza. Esse fato sozinho já colocava em sério perigo ele e sua família, por causa da fé que eles praticavam. Sua loja foi bombardeada e ele recebia várias ameaças de morte e amplas advertências sobre o grave perigo que sua vida corria.

O que você teria feito? Como teríamos reagido, especialmente com a responsabilidade de três crianças pesando sobre nós? Que posição tomaríamos? Rami decidiu que: "... *porém eu e a minha casa serviremos ao Senhor*" (Josué 24.15b).

Em outubro de 2007, apenas algumas semanas antes de seu terceiro filho nascer, Rami foi sequestrado

---

[16]Leis que tratam sobre ideologia e fé islâmicas, além de ditar comportamentos e atividades diárias.

pelos extremistas islâmicos e brutalmente assassinado por atrever-se a desafiar um sistema tirano.

O mesmo acontece em outras áreas de Israel sob controle dos palestinos, até mesmo nas cidades históricas como Belém e Nazaré, onde a população cristã está diminuindo drasticamente devido às centenas de cidadãos aterrorizados que fogem de suas comunidades. Cristãos como o pastor da igreja Batista de Gaza, Hanna Massad, que foi removido de lá por causa da violência em sua comunidade, não tem muita certeza quanto ao seu futuro. "Em Gaza, quando você diz: "O Senhor é meu pastor", precisa saber que o sentido é literal. O Senhor é o Único que pode protegê-lo", disse Massad.

Como seria a vida de um crente em Gaza nestes tempos tumultuados? Como você reagiria às ameaças rondando sua família? Você assumiria que a decisão mais piedosa a tomar, pela segurança de sua família, seria fechar sua loja e silenciar seu testemunho? Você desistiria de ter esperança ou continuaria a perseverar?

Pense no Irã, onde o ditador dominante Ahmadinejad propôs uma lei que condenaria à morte todo muçulmano que se convertesse a outra religião. Não obstante serem os cristãos desprotegidos pela constituição iraniana, eles não estão autorizados a adorar livremente ou celebrar cultos públicos – e podem ser presos, se forem apanhados falando sobre sua fé a muçulmanos.

Alguns, encorajados por suas convicções, dirigem igrejas no Irã, onde tem havido relatos de que grupos de muçulmanos convertidos ao cristianismo dobraram seu número nos últimos seis meses. Apesar de ser alto o preço a ser pago, se esses crentes não perseverarem, o que acontecerá ao testemunho de Deus nas nações nas quais eles vivem?

Jerusalém. Em dois de julho de 2008, um trabalhador palestino da construção civil dirigiu uma escavadora pelas ruas da cidade num ataque terrorista que deixou três mortos e mais de setenta feridos. Ele mirou nos pedestres judeus e atacou um ônibus público várias vezes, capotando-o.

Naquele momento, um soldado israelense que saía de casa e um oficial da polícia antiterror em serviço, correram em direção à escavadeira e atiraram no terrorista que, em seus últimos momentos, berrou "Allahu Akbar!" (Alá é o maior!) e pisou no pedal do acelerador, tentando criar o máximo de dano possível.

Porém, precisamos olhar além do mundo árabe para encontrar exemplos de coragem diante da face do terror. Considere o que está acontecendo no mundo "livre".

Os Países Baixos. Geert Wilders é um parlamentar holandês que vivia em uma sociedade vastamente infiltrada pelo sinistro e negro Islã fundamentalista. O Sr. Wilders é também um produtor de filmes que, em 2008, colocou em risco sua reputação ao produzir um curta controverso denominado Fitna (uma palavra árabe que significa divisão, anarquia, divergência ou teste de fé). Wilders produziu o filme com o propósito de alertar o mundo ocidental em relação aos perigos provocados pelo surgimento do Islã radical e pela chacina que ele espalha por todo o Oriente Médio, Europa e o Ocidente.

Wilders ficou sob crítica incrivelmente severa por produzir esse filme controverso e, no entanto, ele não recuou em sua determinação de levantar a sua voz. Embora ele tenha recebido muita oposição e várias ameaças de morte por seu ousado filme, o Sr. Wilders demonstrou ser alguém que age em suas convicções ao despertar corajosamente um alarme pela causa da verdade.

Reino Unido. Em um dos muitos exemplos dos dias atuais na Grã-Bretanha, dois adolescentes, alunos de uma escola em uma cidade fora de Manchester, Inglaterra (a maior fortaleza mulçumana do ocidente), tomaram a decisão de se posicionar naquilo em que eles acreditavam.

Esses dois garotos, num dia letivo normal em sua escola pública, foram repentinamente afrontados com a exigência de se prostrarem e orar a Alá durante um exercício obrigatório em uma aula de educação religiosa. Eles tinham que decidir se iriam, como todos os outros estudantes, vestir o turbante mulçumano para participar da oração que estava sendo exigida ou se eles se recusariam a desonrar o Deus de Abraão, Isaque e Jacó.

Semelhante aos três jovens hebreus que se recusaram a se prostrar diante da estátua, eles escolheram a segunda opção. Por sua decisão, eles foram penalizados com a detenção; todavia, indubitavelmente, abriram um precedente para as futuras decisões que eles necessitariam tomar em suas vidas.

Ao tomar uma posição, esses dois jovens deram uma declaração pequena, mas significativa, de que eles não se dobrariam às pressões culturais e nem temeriam o que viria. Embora, provavelmente, eles não tenham compreendido plenamente as implicações de sua decisão, esses dois jovens permitiram que a coragem se levantasse dentro deles e determinasse a decisão que tomaram. Talvez sejam esses jovens que nos ensinarão a tão necessária lição de coragem.

UMA ROSA ANTES DO FLORECIMENTO

Em meio ao chamado fundamental e a tremenda necessidade de ter grande coragem nesta hora, uma consideração verdadeiramente extraordinária nos vem da terrível era da Segunda Guerra Mundial: uma simples família cristã, que encontrou forças para conservar seus valores e fazer uma declaração firme de Chazak e m suas vidas.

Atualmente é largamente aceito que o verdadeiro legado público e desafortunado da Alemanha, durante a guerra, reside não no que eles fizeram em resposta ao seu líder despótico e suas práticas horrendas, mas no que eles não fizeram. Houve, no entanto, raras e comoventes exceções a essa tendência tão trágica, que revela o significado de amar verdadeiramente o próximo e obedecer a Deus.

Tamanho legado de coragem foi deixado pelos irmãos Hans e Sophie Scholl, membros da White Rose (Rosa Branca), um movimento de resistência que desafiou o regime tirano que dominara a nação. Comparado aos rifles e cassetetes usados por seus opressores, suas armas eram de natureza diferente: papel, tinteiros, envelopes, selos e uma pequena máquina duplicadora operada manualmente.

Hans e Sophie, em seus últimos dez anos de vida, quando sua resistência a Hitler começou, escolheram desafiar as ideologias repressivas de seus dias para apelar à consciência da nação. Eles acreditavam que, assim como eles, existiam pessoas que se opunham ao que estava acontecendo à sua volta, mas careciam de coragem para dar o primeiro passo e falar contra toda aquela violência. Juntamente com a fé, foi essa certeza de que eles eram obrigados a viver por uma causa maior que os levou a iniciar uma campanha de panfletos que, apesar de ser um meio humilde, tornou-se notória para as autoridades nazistas e venerada pelas pessoas que amavam a liberdade.

Hans e Sophie, de livre e espontânea vontade e contra a vontade de seu pai, haviam se unido à Juventude de Hitler na adolescência. Mas logo se tornaram desiludidos com o programa, devido às suas filosofias, que insuflavam o ódio e entorpeciam as mentes das pessoas. Eles eram cristãos altamente instruídos, livres pensadores que escolheram se distanciar da organização nazista para buscar outros interesses, inclusive a leitura de livros e de literatura que havia sido proibida pela sufocante atmosfera alemã do pré-guerra.

Hans fundou a White Rose (Rosa Branca) juntamente com outros cinco amigos, quando frequentava a universidade de Monique no início dos anos quarenta. Juntos, eles esperavam apelar para a inteligência dos estudantes universitários alemães e para sua mente mais liberal, utilizando seu ultimato que protestava contra a violação da liberdade democrática que Hitler impusera à nação. Orientados por um dos professores, os jovens heróis conseguiam distribuir secretamente centenas de panfletos por toda a região sul da Alemanha. Correndo tremendo risco pessoal, eles não só enviavam pelos correios os panfletos, mas também os transportavam de cidade em cidade, a fim de divulgar a mensagem de liberdade social e resistência pacífica.

Ainda muito jovens, eles tiveram a coragem de levantar a questão cuja resposta, em poucos anos, seria revelada a não apenas algumas centenas, mas a milhões em todo o mundo: "Quem entre nós tem alguma noção da dimensão da vergonha que sobrevirá a nós e a nossos filhos quando um dia o véu tiver sido removido de nossos olhos e o mais terrível dos crimes...For exposto à luz do dia?".

Embora elogiem sua bravura e coragem, o que vários relatos biográficos deixam de mencionar é que a fé inabalável dos irmãos Scholl impulsionou-os a seguir a estrada que todos evitavam. Se houve alguma dúvida quanto à convicção deles de que aquela era uma batalha espiritual do bem contra o mal, o exemplar seguinte de seu quarto panfleto, descrevendo a natureza de Hitler, esclarecerá qualquer questão:

"Cada palavra que sai da boca de Hitler é uma mentira. Quando ele se refere à paz, na verdade quer dizer guerra; e, quando ele, blasfemando, usa o nome do Altíssimo, esta mencionando o poder do mal, o anjo caído, satanás. Sua boca é o fedorento bucho do inferno e sua força está na mais profunda maldição. De fato, devemos conduzir uma luta contra o estado terrorista do Nacional Socialismo por meios racionais; mas qualquer um que hoje ainda duvida da realidade da existência de poderes demoníacos, fracassou amplamente em compreender a realidade metafísica desta guerra. Por detrás do concreto, dos eventos visíveis, por trás de toda objetividade e considerações lógicas, encontraremos o elemento irracional: a luta contra o demônio, contra os servos do Anticristo".

Um porteiro viu Hans e Sophie distribuindo panfletos secretamente nos pátios da Universidade de Monique em fevereiro de 1945. Ele chamou a Gestapo e eles foram presos, alguns meses antes do fim da guerra na Europa. Hans e Sophie, juntamente com seu amigo Christopher Probst foram imediatamente julgados por alta traição, considerados culpados pela corte nazista e executados na guilhotina poucas horas depois.

Cada um dos três jovens heróis enfrentou a morte corajosamente. Num encontro que lhes foi permitido ter uns com os outros antes da execução, Christopher consolou seus companheiros assegurando-lhes: "... Em poucos minutos nos encontraremos novamente na eternidade". Segundos antes de Hans deitar a cabeça no bloco, ele gritou em alta voz seu epíteto: "Vida longa à liberdade!".

Mas foi Sophie quem morreu primeiro, deixando uma forte impressão. O relato do guarda da prisão registrou tudo em lúcidos detalhes: "Ela foi sem ao menos piscar os olhos. Nenhum de nós conseguia entender como aquilo era possível. O executor disse que jamais vira alguém morrer daquela forma". Sophie foi capaz de fazer uma observação compensadora poucos dias antes de sua prisão: "Com todas essas pessoas morrendo pelo regime, é mais que tempo de alguém morrer contra ele".

Embora Hitler e seus subordinados tivessem feito tudo o que puderam para calar-lhes a voz, Hans e Sophie, com larga vantagem, terminaram tendo a última palavra sobre Hitler. Mais tarde, no mesmo ano em que eles foram executados, as forças aliadas lançaram de um avião mais de cinco milhões de cópias de seu sexto e último panfleto sobre várias cidades, entre elas, Cologne e Hamburgo. A mensagem de Hans e Sophie tornou-se um legado, alcançando mais de seus compatriotas do que eles o fariam em dez vidas.

O que eu considero mais pungente chamado à coragem, na heroica vida de Sophie Scholl, é revelado em suas últimas palavras à sua mãe, que recebera a permissão, juntamente com o marido, de ter um último encontro com os filhos pouco antes de serem executados. A irmã de Sophie registrou em seu livro, "*The White Rose*" (A Rosa Branca), o que aqueles poucos breves momentos entre os filhos e seus pais perpetuou. Ambos, Hans e Sophie, estavam tranquilos e no melhor estado de espírito, sorrindo e mantendo a cabeça erguida. Eles tinham a postura daqueles que acreditaram que suas mortes não seriam em vão, ao contrário, dariam continuidade ao mesmo legado de altruismo e coragem que suas vidas haviam gerado.

Desejando transmitir à sua filha algumas palavras de conforto, a mãe de Sophie sussurrou-lhe: "Lembre-se Sophie: Jesus." Gravemente e com seriedade... Sophie replicou, "Sim, mas você também deve se lembrar."

Dessa forma, a jovem poderia simplesmente oferecer à sua mãe o mesmo consolo, sabendo o quanto ela precisaria do Senhor Jesus depois de perder dois filhos num único dia. Mas eu considero que a corajosa ativista social estava admoestando sua mãe, que ainda teria tempo na terra, relembrando-a de que, enquanto nós recebemos consolo ao relembrar o que Jesus fez por nós, nós mesmos precisamos nos lembrar d'Ele, vivendo da mesma maneira que Ele viveu.

Enquanto nos sentimos inspirados por essa maravilhosa demonstração épica de coragem real, precisamos nos lembrar de não desprezarmos o dia dos pequenos começos (Zacarias 4.10). A coragem é como uma semente que deve ser plantada profundamente no espírito humano! Deve criar raiz e crescer antes de desabrochar como uma rosa delicada que ganha o favor de todos.

    Exatamente como Ester declarou: "Se perecer, pereci", Deus nos chama para morrer para os nossos pecados, nossa apatia, nosso estilo de vida vazia e para o temor dos homens. Isso começa na sala de aula. Na reunião de família. Começa com o desejo de realizar mais com sua vida do que você pensa que é possível e fazê-lo custe o que custar. Eu rogo a você, pelas misericórdias de Deus (Romanos 12.1-2), que renuncie as ciladas da distração e da negação e que clame, com convicção, pelo tipo de coragem que faz história.

CAPÍTULO 11
ROMPIMENTO 5: ESTRATÉGIA DIVINA

Você deve fazer as coisas que pensa não ser capaz de fazer.

Eleonor Roosevelt

> E sucedeu que, vendo o rei a rainha Ester, que estava no pátio, ela alcançou graça aos seus olhos; e o rei estendeu para Ester o cetro de ouro, que tinha na sua mão, e Ester chegou, e tocou a ponta do cetro. Então o rei lhe disse: Que é que queres, rainha Ester, ou qual é a tua petição? Até metade do reino se te dará. E disse Ester: Se parecer bem ao rei, venha hoje com Hamã ao banquete que lhe tenho preparado. (Ester 5.2-4)

Não tenho palavras suficientes para descrever quão admirável e inspiradora considero essa parte da história de Ester. Fico maravilhado e impressionado com a grandeza da sabedoria de Deus evidente nessa aventura!

Pense nisto: o destino de Israel está em jogo. A destruição da nação é iminente. Jamais a situação esteve tão tensa para os judeus. A aniquilação total aproximava-se rapidamente.

O pronunciamento do rei, que não pode ser revogado, já havia sido decretado. As gargalhadas da morte estão à porta de cada família judia, enquanto a hora da execução se aproxima.

E no centro do drama, temos uma jovem rainha órfã. Qual será a resposta para essa catástrofe cataclísmica? Qual é a estratégia para a salvação? Chamar um anjo? Chamar mil anjos? Mandar cair fogo do Céu? Mandar uma praga? O anjo da morte para matar todos os primogênitos? Qual é a estratégia para uma libertação sobrenatural?

Um jantar.

Melhor ainda, dois jantares!

> Ó profundidade das riquezas, tanto da sabedoria, como da ciência de Deus! Quão insondáveis são os seus juízos, e quão inescrutáveis os seus caminhos! (Romanos 11.33)

Ester reconheceu a gravidade da situação. Ela já havia rompido os mecanismos de defesa de negação e distração. Ela clamou ao Senhor em oração e conclamou um jejum coletivo de petição ao céu. Ela sabe que não comprometerá ou se esquivará de seu dever, porque já determinou suas convicções, liberando grande coragem de seu interior. E agora, só restava agir.

O coração de Ester fora testado, suas prioridades estabelecidas e sua identidade descoberta e assegurada. Agora cabia a ela cumprir a parte que Deus havia escrito para esses momentos culminantes de seu *script*.

Então, Ester envia convites para um jantar. Só um pequeno encontro: ela, o rei e o homem que estava tentando matá-la. Era o que ela tinha em mãos no momento. E você, o que tem nas mãos?

Nós amamos os elementos sobrenaturais que encontramos nas Escrituras. Deus, como Autor e Sustentador da criação, pode alterá-la para fazer o que Ele desejar – e nós gostamos quando Ele o faz. Como é emocionante quando Deus "realiza Seus atos".

Nós gostamos quando Ele faz o Sol parar, um machado flutuar, transforma a água em vinho e ressuscita os mortos. Mas facilmente nos esquecemos de que o tema central de toda a Bíblia é como Deus ama cooperar com o homem. Ele até mesmo respeita o homem como um agente livre, requerendo não apenas que o homem coopere com Ele, mas que o faça por vontade própria.

Por toda a Escritura, todas as vezes que Deus opera milagres, sempre há a necessidade de que o homem dê alguns passos práticos de fé, a fim de que a resposta sobrenatural seja liberada.

Deus abriu o Mar Vermelho, mas Moisés teve que estender o seu bastão sobre ele.

Deus demoliu as muralhas de Jericó, mas os israelitas tiveram que marchar em torno delas por sete dias em silêncio e, no último dia, levantar um grande grito.

Deus levou os midianitas a lutarem entre si diante do exército de Gideão, mas não antes que o líder reduzisse a tropa a menos de trezentos homens.

Deus continuou a encher a panela da viúva com azeite e farinha, mas antes ela teve que dar ao profeta Elias sua última refeição.

Jesus alimentou cinco mil pessoas, mas o garoto teve que oferecer seus pães e peixes para que fossem multiplicados. Jesus curou o paralítico, mas primeiro seus amigos tiveram que levá-lo ao telhado e baixá-lo até Jesus numa maca.

A Palavra nos revela um Deus de relacionamento que, ainda que deseje muito libertar seu povo, anseia por estar com eles no processo. Então, usando o que estava em suas mãos, Ester fez o que ela sabia fazer. Humildemente, ainda que graciosamente, preparou o vinho e ofereceu um jantar ao seu amado, da forma como só ela sabia fazer.

Mesmo assim, não vemos a magnífica demonstração da grandeza de Deus. Ele não deixou ninguém maravilhado com Sua aparição ou com uma espetacular explosão de raios e trovões. Nenhuma divisão do Mar Vermelho nesta hora! Ainda é a garota órfã e seu idoso tio que permanecem sob os holofotes até o final. O povo judeu, desde muito tempo, já discerniu esse aspecto da interferência de Deus nas questões humanas, por isso eles o incorporaram em suas festas anuais de recordação.

As duas festas, Páscoa – que celebra a libertação dos judeus da escravidão egípcia – e Purim – que celebra o triunfo de Ester – ocorrem no mês hebraico de Adar. Os rabinos costumam comparar essas duas celebrações e declaram que a alegria em festejar o Purim é maior que a alegria da Páscoa, porque, na festa de Purim, o milagre experimentado vai além do homem, mas é executado pelo homem, pessoas como nós. Por isso, Purim nos inspira a ter esperança e confiança de que nós também podemos vencer, seja o que for que vier contra nós.

Pense nisso: A festa de Purim conta a história de uma órfã vivendo no exílio que chegou à realeza e salvou o seu povo. Duvido que você conseguisse imaginar uma atitude tão extremamente contrastante como essa. O pano de fundo da história é também um completo contraste. Em vez de Deus enviar pragas, como fez sobre o Egito, Ester teve que usar o que pertencia a ela (o favor do rei) para salvar seu povo.

Ester agora é a protagonista, orquestrando o resultado de sua própria história. Não apenas a voz efetiva de Deus, Seus anjos e Seus milagres sobrenaturais estão ausentes do livro de Ester, mas também Mordecai que, quando chega à conclusão de que aquela era a razão pela qual ela tinha chegado à posição de rainha, decide então que não dirá a ela o que fazer! Ester traça a estratégia e executa seu próprio plano: a escolha das toalhas de linho para pôr à mesa.

Deus é soberano, não somos capazes de fazer coisa alguma longe do Seu Espírito, porém, alguma vez já lhe ocorreu que, como com Ester, talvez Deus deseje manifestar Seu glorioso, perfeito e inigualável plano por meio de sua vida? Que talvez você seja a Ester que este mundo precisa? Que, provavelmente, quase certamente, você seja, pelo menos, a Ester que seu próprio mundo está esperando?

Amado, Deus possui uma estratégia divina para mudar o mundo em que vivemos. E, para uma revelação imediata de qual é esta estratégia e com que ela se parece, deixe este livro sobre a mesa e vá até o espelho mais próximo!

Se você jamais vir um anjo, se nunca curar um enfermo ou ressuscitar um morto, se jamais tiver uma visão mística ou ouvir uma voz vinda do céu; se você não passa de uma pessoa comum, mas que reconhece que está vivendo em uma época extraordinária (e deseja servir a Deus), então parabéns! Ele pode usar você para salvar uma nação! De um modo muito natural, usando tudo aquilo que vem até você, qualquer coisa que esteja em suas mãos.

NAS MÃOS DE UMA RAINHA

Ester compreende que o seu momento de agir é chegado. O único e amado membro de sua família estava sob ameaça de iminente fatalidade, e ela acabara de saber que seu marido emitira uma ordem de morte para sua nação. Após descobrir tudo isso e o fato de que a própria vida dela estava em perigo, qual é a reação de Ester? Iria ela formar um exército? Reforçar a segurança de seu castelo? Subornar algum subordinado para cuidar de Hamã? (O que, para sermos sinceros, teria sido nossa reação). Não. Diante do desastre iminente, que somente ela poderia impedir, Ester toma a decisão: "Já sei, darei um jantar especial!".

Quais as lições que aprendemos da reação de Ester?

Para começar, leve a batalha para o seu próprio campo, para os seus próprios termos e não, de seus inimigos.

Além disso, genericamente falando, eu penso que nós, o Corpo de Cristo hoje, estamos muito mais propensos a rejeitar as atitudes práticas. Somos inclinados a pensar que, para levar os nossos familiares a Deus ou impactar a vida de nossos colegas de trabalho, precisamos ser envolvidos em uma espécie de encontro no terceiro céu. Nós presumimos que, se Deus não nos tiver dado "uma palavra" com catorze confirmações e mil e duzentas referências nas Escrituras, não estamos preparados para agir em Seu favor. Isto simplesmente não é verdade.

Eu aprecio a história sobre como Davi encontrou sua esposa, Abigail (1 Samuel 25). Davi havia sido desprezado por um homem maligno, Nabal, que se recusou a retribuir a bondade que os homens de Davi haviam demonstrado a ele no deserto.

Nabal tinha a cabeça dura e não ouvia sua mulher, Abigail. Sabendo que suas palavras sábias não iriam convencê-lo e de que a imprudência de seu marido colocaria a vida de todos em risco, ela decidiu cuidar da situação ela mesma. Uma mulher desamparada e sem instrução, Abigail não tinha muito recurso à sua disposição. Então, ela fez a única coisa que ela sabia fazer: Ela cozinhou! E, adivinhe, funcionou!

Rapidamente, Abigail preparou um banquete para Davi e seus homens, com uvas passas e doce de figo e, aparentemente, quando todos estavam satisfeitos, ela rogou a Davi que não a matasse e nem a sua casa por causa da obstinação do seu marido.

Talvez o velho adágio popular "O caminho para o coração do homem é pelo estômago" seja mais espiritual do que pensamos! Algumas vezes a estratégia divina é uma combinação de boas maneiras com uma oportuna refeição.

Um dos jovens que serviu por quase dez anos no *Eagle's Wings Ministry* voltou recentemente de suas férias de verão, emocionado por testemunhar o que Deus fez em sua cidade natal.

Há vários anos, a sua mãe começou a colocar alimentos na entrada de uma casa vizinha, onde vivia uma família desamparada com três crianças jovens. A esposa era uma nova convertida e seu marido, alcoólatra. Por intermédio dessa única mulher que fielmente continuou a levar alimentos e a construir um relacionamento com seus vizinhos, Deus começou a conduzir aquela família a se relacionar com outros crentes.

Hoje, aquele casal serve ao Senhor como líderes do louvor em uma vibrante e crescente congregação, onde está havendo um avivamento entre os jovens que está impactando a comunidade. Para completar, todos os três filhos do casal vivem hoje para o Senhor. Deus se moveu poderosamente através da decisão aparentemente simples que uma pessoa fez de abençoar a outros de um modo prático. Isso veio a se tornar uma estratégia divina!

Como a mãe dessa história real, você e eu fomos comissionados pelo Espírito Santo a tomar decisões pelo Reino de Deus no lugar onde estamos. Temos conosco (e dentro de nós) a Palavra de Deus eterna, incomparável e infalível, que provê para nós os tesouros da verdade, sabedoria e até mesmo considerações em primeira mão pelas quais somos inspirados. Quando você tem a Lei de Deus gravada em seu coração e o Espírito Santo habitando em você, e quando está submisso a autoridade que Ele colocou em sua vida, há poucas escolhas que você poderia fazer que resultariam em desastre.

Lembre-se:

> Porque, quanto ao SENHOR, seus olhos passam por toda a terra, para mostrar-se forte para com aqueles cujo coração é perfeito para com ele. (2 Crônicas 16.9a)

Então Ester ofereceu um banquete. Um banquete digno de um Rei.

Sucedeu, pois, que ao terceiro dia Ester se vestiu com trajes reais, e se pôs no pátio interior da casa do rei, defronte do aposento do rei; e o rei estava assentado sobre o seu trono real, na casa real, defronte da porta do aposento. E sucedeu que, vendo o rei a rainha Ester, que estava no pátio, alcançou graça aos seus olhos; e o rei estendeu para Ester o cetro de ouro, que tinha na sua mão, e Ester chegou, e tocou a ponta do cetro. Então o rei lhe disse: Que é que queres, rainha Ester, ou qual é a tua petição? Até metade do reino se te dará. E disse Ester: Se parecer bem ao rei, venha hoje com Hamã ao banquete que lhe tenho preparado. Então disse o rei: Fazei apressar a Hamã, para que se atenda ao desejo de Ester. Vindo, pois, o rei e Hamã ao banquete, que Ester tinha preparado, Disse o rei a Ester, no banquete do vinho: Qual é a tua petição? E ser-te-á concedida, e qual é o teu desejo? E se fará ainda até metade do reino. Então respondeu Ester, e disse: Minha petição e desejo é: Se achei graça aos olhos do rei, e se bem parecer ao rei conceder-me a minha petição, e cumprir o meu desejo, venha o rei com Hamã ao banquete que lhes hei de preparar, e amanhã farei conforme a palavra do rei. (Ester 5.1-8)

Há tanta coisa maravilhosa nesse relato. Primeiro, é notável como Ester teve compostura para não agir com histeria, mas com santo discernimento, enquanto encarava a completa aniquilação face a face. Mas aqui está algo que eu considero mais fascinante, uma questão que, segundo creio, é digna de reflexão: por que Ester convidou Hamã para o banquete?

Se ela tinha que fazer um apelo desesperado ao rei, se ela tinha que apelar pelo seu favor e pela vida dela, não seria lógico que o fizesse em uma audiência privada, somente ela e o rei? O senso comum diria que sim.

Porém o que teria acontecido se, em vez de uma noite prazerosa e relaxante, a mensagem de Ester ao rei fosse de um medo frenético e alarmante? Como ela soaria aos seus ouvidos? Teria ela percebido que seria considerada somente mais uma esposa problemática? Não teria essa mensagem soado como um outro conflito palaciano que ele, um rei sitiado, teria que solucionar?

E suponha que Hamã não estivesse presente quando ela expôs seu caso, o que teria acontecido? Certamente, o rei teria desejado um encontro particular com Hamã para falar sobre o problema que o envolvia e, astuto como era, quem sabe o que Hamã diria, ou que tipo de negociação de bastidores ele iria tentar fazer com o rei. (Lembre-se que havia dinheiro envolvido. A negociação que Hamã havia feito seria de que o tesouro do rei seria fortalecido através do extermínio dos judeus). Então, se Hamã não estivesse presente no banquete e fosse consultado pelo rei posteriormente, é bem possível que ele e o rei chegassem a um acordo em que Ester e, talvez, Mordecai teriam suas vidas poupadas, mas o povo judeu seria trucidado.

Dessa maneira, enquanto o plano de Ester pode parecer, à primeira vista desprovido de razão, um exame mais profundo dos detalhes da situação mostra que uma estratégia divina estava se desenvolvendo sob a superfície.

O que conhecemos do rei Assuero (e o que Ester também sabia sobre ele) é que ele era um homem impulsivo, com um temperamento muito forte. E que ele não era capaz de conter sua ira, enquanto ela não fosse extravasada. Lembre-se da história, quando a rainha Vasti recusou-se a atender ao pedido de seu marido. Lemos que ele "ficou muito furioso e sua ira ardeu dentro dele" (Ester 1.12). Somente depois que ele a baniu de sua presença, sua ira se acalmou (Ester 2.1).

O rei também parecia ser uma pessoa muito esquecida. Pode ser por isso que ele apreciava ler os registros dos acontecimentos em seu reino sempre que não conseguia dormir. Quando ele descobria algo no livro das crônicas de que havia esquecido, o assunto ocupava sua mente durante toda a noite, de forma que na manhã seguinte, a primeira coisa que o rei fazia era levar a cabo a sua ideia adormecida. (Ester 6.1; 4-6)

O plano incomum de Ester parecia levar em consideração o temperamento do rei. Ela sabia que ele era impulsivo e, ao mesmo tempo, propenso a esquecer as coisas que não lhe traziam consequências. Sendo assim, Ester tinha somente uma oportunidade, o qual ela não poderia desperdiçar. Então, talvez um banquete fosse o movimento certo, afinal. Mas dois? Porque ela ofereceu dois banquetes? Porque ela estava adiando a questão por mais um dia? As Escrituras não oferecem nenhuma justificativa em particular para que ela tomasse essa atitude.

Tudo fluía conforme o planejado, o rei parecia se divertir e até mesmo repetiu sua oferta de conceder a ela seu pedido. Contudo, Ester não poderia persuadir-se a deixar as palavras saírem de seus lábios. Se aquilo era insegurança ou apenas uma questão de "saber" em seu interior que o momento oportuno ainda não havia chegado, nada disso fica claro no texto bíblico. Então, por que o adiamento?

Quer fosse isso parte ou não do plano original de Ester, as poucas horas entre o primeiro e o segundo banquete são da mais alta importância em toda a história. Ester não tinha consciência do que estava ocorrendo por trás das cenas. Se você observar bem, verá que os eventos da história parecem acelerar o ritmo e assumir um tom diferente desse ponto em diante.

Voltando para casa depois do primeiro banquete, Hamã vê Mordecai e relembra do quanto o detestava. É nesse momento que ele, juntamente com sua mulher e amigos, trama o projeto de construção de uma forca para Mordecai, a fim de pendurá-lo nela no dia seguinte. No entanto, quando Hamã vai até o rei de manhã para expor-lhe seu propósito e obter sua aprovação, ele não tem nem mesmo a chance de dizer uma palavra sequer.

Devido ao seu orgulho extremo (grandemente aumentado por ter sido convidado para uma reunião particular com o rei e a rainha), Hamã acaba caindo numa terrível e humilhante circunstância: honrar exatamente o homem que ele planejava assassinar. Alguém será pendurado na forca que ele criara no dia anterior, mas esta pessoa não será Mordecai. Hamã basicamente cavou sua própria sepultura.

Mas o que foi que impediu o rei de conciliar o sono naquela noite após o primeiro banquete? (Foi durante esse tempo que ele se lembrou de como Mordecai havia salvado a vida dele, porém não recebera recompensa alguma pelo seu feito heroico). Seria isso uma coincidência ou a Mão invisível de Deus? Deus tem um modo sutil de demonstrar aqueles que tem olhos para ver que, não importa quão ausente Ele pareça estar, Ele está sempre operando, movendo-se, modelando e conduzindo.

O segundo banquete de Ester me leva a uma passagem bem conhecida das Escrituras:

> Preparas uma mesa perante mim na presença dos meus inimigos... (Salmos 23.5a)

Ester havia vindo à mesa de Deus. Sem o conhecimento dela, Deus estava dispondo as circunstâncias que levariam a uma vitória muito mais abrangente do que ela jamais imaginara. O que torna os eventos excepcionalmente notáveis não é apenas a aparente ironia do encontro, mas o elemento paradoxal construído bem dentro da armação da trama do próprio Hamã.

Hamã era amalequita, o que significa não apenas que ele odiava os judeus, mas também que ele não cria na divindade de Deus ou em qualquer outro deus. Os amalequitas eram fatalistas; eles acreditavam que ninguém tinha qualquer poder de mudar o que estava destinado por eles para a "vida". Eles criam que o destino de todos ocorria ao acaso e não por um desígnio. Uma prova disto é que Hamã planejava de antemão para determinar em que data ele organizaria a destruição dos judeus.

No episódio oportuno da insônia que o rei experimentara, exatamente na noite anterior ao dia em que Hamã implementaria sua trama vingativa, a mim me parece que Deus estava rindo por último. A "coincidência" do incidente revela uma explicação definitiva sobre Quem está dirigindo o show.

> Como ribeiros de águas assim é o coração do rei na mão do SENHOR, que o inclina a todo o seu querer. (Provérbios 21.1)

Embora haja várias facetas para a estratégia de Ester quanto a como ela abordou o problema, aqui está a chave: Ester não apresentou o problema dela ao rei. Em vez disso, ela levou-lhe consideração, apreciação, honra e submissão. Todas as vezes que ela se dirigia ao rei, ela fazia suas colocações em termos daquilo que o agradaria e honraria: "Se bem parecer ao rei... farei conforme disse o rei..." (Ester 5.8). A linguagem dela é a linguagem da abnegação e do respeito.

Ester compreendeu que a ameaça era tão complexa que ela não poderia simplesmente discuti-la com o rei numa abordagem política, muito menos dar início a uma série prolongada de negociações. Ela necessitava tocar o coração dele, comovê-lo. Ester precisava despertar o amor do rei por ela e seu zelo em protegê-la. Para isso, Hamã (a ameaça) precisava estar a pouca distância.

Mas há algo importantíssimo que Ester compreendeu: ainda que o inimigo esteja assentado em sua mesa, não importa quão sinistro, maligno, perigoso e próximo ele esteja, acima de tudo, a vida dela – na verdade, as nossas vidas, o nosso futuro – está nas mãos do Rei.

E, então, Ester se concentrava, notavelmente, não nas ameaças de Hamã, mas na supremacia de seu rei. Ester não garantiu sua vitória ocupando-se de seu inimigo, mas agradando ao rei.

O RECONHECIMENTO DA REALIDADE

Você se recorda de que o primeiro rompimento de Ester foi quando ela reconheceu a realidade de sua situação e escolheu agir a respeito. Nós também necessitamos romper a defesa, distração e negação, e compreender que há uma ameaça bem real, muito perigosa e iminente sobre nós. Mas, ao mesmo tempo, não podemos esquecer a realidade definitiva da autoridade de nosso Soberano Rei. Ester sentou-se aos pés de seu rei, com plena adoração e reverência, entendendo que nada era necessário para a libertação dela, senão o favor dele.

Nestes dias turbulentos, precisamos conservar o foco em DEUS, que é sobre todos, por todos e em todos (Efésios 4.6). Precisamos nos assentar a Seus pés respeitosamente, contemplar Seus olhos e honrá-lO como o Único Deus Vivo e Verdadeiro, que é e sempre há de ser Rei dos reis e Senhor dos senhores.

Precisamos preparar um banquete ao nosso Rei. Mesmo estando o inimigo à nossa porta, precisamos saber que Deus, nosso Grande Rei, está no Trono.

Um velho evangelista pentecostal costumava dizer: "Você não tem problema algum. Tudo o que você precisa é ter fé em Deus". Pode parecer simplista, mas é verdade. Se Deus acalmar a tempestade à sua volta ou se você se acalmar em meio à tempestade, as consequências ainda serão as mesmas. Estamos seguros em Seu amor. Somos convidados à mesa do seu banquete onde Ele nos consola. Mesmo que seja – talvez especialmente – na presença dos nossos inimigos.

CAPÍTULO 12
TORNANDO-SE UMA GERAÇÃO DE ESTER

As pessoas que lutam podem perder. Pessoas que não lutam já são perdedoras.

Bertold Brecht

Benazir Bhutto tinha cinquenta e quatro anos de idade quando foi assassinada em um ataque a bomba forjado numa movimentada rua de sua terra natal, Paquistão.

Enquanto assisto ao incidente sendo reprisado na tela da TV, e vejo o rosto dela nas capas de livros, fico imaginando: Em que ponto da sua vida ela entendeu que seu destino não era ser uma espectadora, mas a personagem principal no futuro de sua nação?

O que leva uma pessoa a mudar o curso de sua vida?

Que momento define ou redefine a jornada individual de uma pessoa?

Em que ponto Ester aceitou quem ela era e que ela havia sido chamada para ficar entre seu povo e a sua extinção? O que a levou a dizer sim?

Seriam essas escolhas o produto de uma percepção gradual? Ou houve um ponto limítrofe – um momento de iluminação instantâneo? Quando e como sua alma se moveu de uma espectadora desinteressada para o compromisso apaixonado de uma ávida participante?

De que forma você desperta a alma?

PARA O BEM E PARA O MAL

Você deve se recordar do primeiro capítulo da nossa jornada, quando consideramos que uma vida realmente pode e faz a diferença. Analisamos vários exemplos de pessoas comuns que provocaram um impacto extraordinário em seu mundo. Também vimos como o poder da escolha humana pode ser usado ou para o bem ou para o mal.

Eu fico continuamente perplexo diante do avanço implacável do terrorismo. Já não ficamos mais tão chocados ao ouvir sobre outra explosão de ônibus, uma detonação de carro-bomba ou a queda de um avião. Como isso é possível?

E também, que tipo de preparação psicológica é necessária para produzir um homem-bomba? Quando é o "momento sem volta" dessa pessoa? Quando é que se apresentam como voluntários para a tarefa? Quando estão prontos para atar as bombas em seu corpo? O que os leva a responder sim?

Se nós estamos ou não fazendo o que sentimos para fazer uma diferença colossal no mundo à nossa volta, estamos contribuindo para o *status quo* de uma maneira ou de outra. Ao escolher fazer ou não a diferença, todos fazem parte da audiência ou parte do elenco; parte da multidão ou parte da força. Ou estamos acordados ou estamos dormindo, não há um meio termo.

A dúvida de Mordecai quando se aproximou de Ester com seu apelo foi: como posso despertar uma rainha que está vivendo tranquila, com luxo e conforto? Como você leva alguém a aceitar um fato que ele não quer aceitar?

O DESPERTAMENTO DE UMA RAINHA

Mordecai não tomou como resposta o protesto inicial de Ester quando ela declarou que não poderia ajudar. Ele voltou a ela com um forte argumento que derrubou seu posicionamento.

> Então Mordecai mandou que respondessem a Ester: "Não imagines no teu íntimo que, por estares na casa do rei, escaparás só tu entre todos os judeus. Porque, se de todo te calares neste tempo, socorro e livramento de outra parte sairá para os judeus, mas tu e a casa de teu pai perecereis; e quem sabe se para tal tempo como este chegaste a este reino? (Ester 4.13-14)

De alguma maneira, Mordecai compreendeu que aquela seria sua última oportunidade; que, se ele não encontrasse um meio de atingir as defesas de Ester, nenhum deles teria chance de sobreviver. Ele não podia ser sutil ou aliviar as palavras. Ser politicamente correto estava fora de questão. Ele deveria ser claro, brutalmente honesto.

Ele fez com que ela soubesse, em termos claros, que Deus poderia – de alguma forma, em meio ao iminente desastre – escolher outro remanescente dos judeus por meio do qual Ele poderia continuar seus propósitos de aliança. A menos que ela agisse imediatamente e corajosamente, toda a esperança para ela, para ele e para seu povo iria se perder. Ele assevera a Ester que, neste momento, não há anjo algum vindo salvá-los.

A mensagem inequívoca de Mordecai à sua sobrinha é: Este tempo, Ester, cabe a você encará-lo friamente. Você, com toda a sua negligência e fraquezas e justificativas de por que não pode se envolver. Você e todos os seus sonhos de uma vida tranquila, fácil e confortável. Você e toda a graça divina e bênçãos que tem sido derramadas sobre sua vida até hoje.

Você, Ester, precisa agir; e precisa agir já. Você tem sido amada, protegida e abençoada por uma razão. Apesar disso, não é sobre você, mas é o que Deus deseja fazer através de você. E o momento de agir não é num tempo distante no futuro. O tempo é agora. Já. Na verdade, é agora ou nunca.

Enquanto você lê sobre a transformação de Ester, nós consideramos o "espaço divino" entre a questão de Mordecai e a resposta de Ester.

Ester acordou, ela compreendeu.

Alguma coisa despertou dentro de Ester, e ela reconheceu que era parte importante de um grande plano, de uma história muito maior. Repentinamente, seu conforto e segurança pessoal já não eram mais determinantes em sua vida. Era o que ela poderia oferecer a este mundo – e não, o que iria receber dele – que de agora em diante, a estabeleceria como uma heroína da fé. Ela sabia que fora chamada para amar, para agir e para responder ao clamor de Mordecai. Neste instante, ela seria o anjo. Ela seria a voz que mudaria as trevas em luz.

O que produziu esse despertamento nela? Que fator moveu Ester a colocar todas as suas cartas na mesa? Eu não sei; e sei também que ninguém jamais saberá. Mas o que eu sei é que Ester precisa despertar novamente hoje.

O DESPERTAMENTO DA IGREJA

O dilema de Mordecai é o mesmo nestes dias:

Como despertar uma Igreja que não sabe que está dormindo?

Como Ester, estamos vivendo em uma hora extrema, e a Igreja no ocidente vive num estado de plena segurança, proteção e facilidade. Somos distraídos pela negação dos fatos de que corremos um grave perigo e estamos sendo ameaçados agora, mais que o que ameaçou os judeus em Susã. Contudo, não é o Islã radical que deveria ser nossa fonte primária de preocupação.

A maior parte deste livro tem sido dedicada a expor a ameaça de uma guerra religiosa radicalizada que se aproxima do ocidente, que se constitui, conforme sua própria admissão, numa questão de submeter o mundo inteiro à Lei Sharia. Cada um de nós tem a obrigação moral de compreender e combater essa terrível pretensão. Mas, como tudo na vida, não são as ameaças externas que representam o perigo maior, mas sim os nossos inimigos internos.

Concentrar nossa queixa no Islã como o culpado de perturbar as relações internacionais seria tão tolo quanto deixar a porta da frente de sua casa aberta todas as noites e depois reclamar que ela tem sido repetidamente assaltada. Precisamos chegar à raiz desta questão, não apenas bater nos galhos, se esperamos ver a transformação social que desejamos.

O Dr. Dimitry Radyshevsky é o diretor do *The Jerusalém Summit* (A Conferência de Jerusalém), um consórcio de líderes mundiais que se encontram anualmente para discutir sobre as duas ameaças dirigidas ao ocidente: o humanismo secular e o Islã Radical. Sua declaração no London 2007 Summit não poderia tornar mais claro o meu ponto:

"Pode parecer irônico que eu, um judeu, esteja clamando por um reavivamento na Europa... Portanto, perdoe minha falta de modéstia e o conselho não solicitado, mas para mim a escolha da Europa parece muito simples. Ou ela será uma Europa fundamentalmente cristã ou será a Europa do Islamismo fundamentalista..."

"... Se a Europa deseja se salvar, tem que se considerar como um continente cristão novamente; deve renovar sua confiança absoluta de que os valores bíblicos são os valores corretos. Não há meio termo. A Europa não pode continuar sendo hedonista, ateísta, neutra e friamente indiferente a respeito da Bíblia, inclusive agindo de forma neutra e até mesmo hostil à tarefa da religação com suas raízes hebraicas e com Israel. Os Europeus ou serão cristãos bastante fervorosos, ardendo com o Espírito Santo e com fé, ou serão vítimas friamente mortas do Islamismo."

Este Mordecai moderno não está minimizando o sentido das palavras também. Ele vai direto ao assunto e aborda a questão da complacência crescente na "sociedade Cristã". Na verdade, ele declara que: se a Igreja estivesse ocupando seu lugar, não haveria chance de o Islã estar na posição em que chegou. Platão expôs sucintamente esta verdade, e bem antes da nossa era: "O preço que homens bons pagam pela indiferença quanto aos assuntos públicos, será estabelecido pelos homens malignos".

UMA LUZ NAS TREVAS

Com ameaças internas e externas, este é um tempo de trevas para as pessoas de fé e de boa vontade. Eu creio que estamos em uma hora da noite diferente da que Ester se encontrava. A presença de Deus é distorcida em vários setores da sociedade e inclusive dentro da Igreja Institucional. Os poderes do mal conspirando contra o povo escolhido de Deus são até mais pavorosos do que aqueles que motivaram Hamã a tramar a aniquilação deles séculos atrás. E, em meio a tudo isso, qual é a nossa resposta? Qual é a demonstração que virá do povo de Deus?

Jesus diz a seus discípulos que eles são "a luz do mundo", e que nós não devemos nos esconder, mas exibir essa luz, a fim de que ilumine a todos (Mateus 5.14). Ele prossegue dizendo: *"Assim resplandeça a vossa luz diante dos homens, para que vejam as vossas boas obras e glorifiquem o vosso Pai, que está nos céus"* (Mateus 5.16). Não é a luz de Jesus. É a nossa luz que Deus deseja que brilhe.

Poderia ser que, sem as trevas do aturdimento, da desolação e obscuridade, Ester não tivesse sido compelida a uma transformação interior? Seria possível que, para aqueles com olhos da fé, as trevas são simplesmente uma oportunidade de brilhar? Na verdade, as trevas são a gota d'água que, ao ser liberada, faz que nossas vidas se manifestem.

O nome hebreu de Ester (Hadassa) tem a mesma raiz da palavra hebraica para ocultamento. Ester foi ocultada de várias maneiras: visível aos olhos de Deus, mas, certamente, sua verdadeira identidade como uma judia foi ocultada aos olhos de seus contemporâneos persas. Quão adequado então é o significado do nome de Ester: estrela.

Você se lembra de ter estudado na escola fundamental que as estrelas permanecem acesas durante o dia? Ao contrário do que pensamos, as estrelas não se "acendem" só à noite. Elas orbitam através do mesmo espaço em nossa galáxia noite e dia. Somente quando a maior estrela (o Sol) se põe é que o brilho delas se torne visível. Esse fato nos relembra que o turno das trevas está intrinsecamente ligado à manifestação da luz. Em determinados momentos de escuridão eu creio que Deus deseja que as atenções estejam sobre Ele. Nesses momentos, Ele está pronto para se mover. E, uma vez que Deus não se move a não ser através de seu povo, essa obscuridade é a nossa "deixa" para agir.

Ester fez sua aparição, e não tão logo. Ela reconheceu que tinha sido posicionada num momento único, um momento *Kairós*, que teve que ser agarrado antes que passasse. Ela deve ter conhecido o que nós agora conhecemos - que a adaptação é tudo; que as oportunidades para hoje, se não forem aproveitadas, serão o lamento de amanhã. Deve ter sido essa convicção que compeliu Ester a fazer a escolha que ela fez: renunciar à própria vida, a fim de que seu povo tivesse a oportunidade de viver para ver dias melhores que ela.

Ela não cometeu o erro comum de pensar que a tempestade de alguma forma se dispersaria. O mal jamais vai embora simplesmente. A menos que seja imediatamente destruído, seus poderes apenas se multiplicam e adquirem força. Certamente Ester sabia disso também, possivelmente essa foi a razão de ela ter ido de encontro à calamidade logo no começo.

Ester e Mordecai eram da tribo de Benjamin, da mesma linhagem do rei Saul. Seu ancestral, como um jovem rei, cometeu o erro de poupar o maligno rei Agague e de não varrer completamente os amalequitas (inimigos dos judeus) quando Deus lhe dera a oportunidade de destruí-los. (Isso se deu em uma emboscada que os amalequitas haviam preparado sem misericórdia contra os antigos hebreus.)

Saul não executou totalmente as ordens que Deus dera através de Samuel, o profeta (1 Samuel 15.2-3) e, por isso, a linhagem amalequita continuou, conduzindo ao dia em que Hamã, um descendente do rei Agague, resgatou o antigo espírito de vingança contra os filhos de Deus. Ester foi reservada para terminar o que deveria ter sido feito nas gerações anteriores. Ela determinou que esta antiga batalha não os assolaria mais; estava chegando ao fim através dela.

PAZ PARA TODOS OS TEMPOS

O que uma geração não consegue completar, a geração seguinte é obrigada a fazê-lo. Como exemplo disso temos a falta de certeza de Neville Chamberlain de assegurar "paz para o nosso tempo", revelada na sua falta de visão, na perspectiva voltada para si mesmo, que se preocupou apenas com o conforto de sua própria geração e ignorou o desastre que rapidamente se seguiria.

Quando penso nesse tipo de posicionamento, não posso deixar de me lembrar também da reação de Ezequias, quando fica sabendo que fora decretada destruição para sua casa depois que ele partisse desta vida. A resposta de Ezequias essencialmente foi a seguinte: "Bem, pelo menos haverá paz em meus dias" (2 Reis 20.19).

Contraste esses disparates praticamente idênticos com a disposição tomada por Winston Churchill.

Em junho de 1940, logo após a França ter caído sob o poder do Eixo maligno, era largamente esperado e temido que a Inglaterra logo a seguiria. Em vez de agarrar-se a qualquer resquício ilusório de segurança, o Primeiro Ministro Churchill, em um de seus discursos mais emocionantes, desafiou os cidadãos britânicos a fazer o que fosse preciso para verem o avanço do mal ser desviado para o mais longe possível:

"Se pudermos opor-nos a ele (Hitler), toda a Europa pode ser livre e a vida do mundo poderá seguir avante em direção ao nascer do sol. Mas, se fracassarmos, então o mundo inteiro, incluindo os Estados Unidos, inclusive todos aqueles que conhecemos e com quem nos importamos, submergirão nas profundezas de uma nova Era de Trevas feitas ainda mais sinistras, e talvez, mais prolongadas pelas luzes da ciência pervertida. Abracemos, por isso, nosso dever e vamos nos apresentar como o Império Britânico e sua Comunidade nos mil anos seguintes; os homens de então dirão a nosso respeito: "Esta foi a Melhor Hora deles"."

Em vez de pensar em si mesmo, em seu conforto pessoal e em vantagens pessoais, Churchill pensou nas gerações que viriam – "nos mil anos seguintes". O desejo deles foi que sua geração seria aquela que se converteria no escudo sacrificial em favor de uma nova Era na história britânica, preparando o caminho para o bem-estar de todas as outras.

A tradição judaica ensina que há sempre um Hamã que se levanta em cada geração. Infelizmente essa teoria é difícil de ser refutada. Mas se há um Hamã para cada geração, e se o povo judeu ainda é a presença próspera que está na terra, não seria verdade que, em cada geração, há também uma Ester? Este livro tem sido dedicado, em grande parte, a honrar a memória dela. Mas o meio mais verdadeiro pelo qual podemos demonstrar-lhe nossa admiração é seguindo o exemplo de sua liderança e fazendo as escolhas que ela faria se estivesse viva hoje.

Não me entenda mal: não estou clamando para que se levante outra Corrie Ten Boom. Não peço por outro Winston Churchill. Não imagino quando a "Ester" imperial de nossos dias será revelada. Amados, neste ponto, será necessário muito mais do que alguns indivíduos isolados para se levantarem pelo Reino de Deus, Sua paz e Sua justiça. Com o firme avanço do secularismo radical, a ameaça da dominação mundial sob a espada do Islã e uma crescente apatia dentro da Igreja Ocidental, será necessário que todos nós tenhamos grande coragem para ver uma mudança piedosa neste momento. Hoje, nós precisamos de uma geração chamada Ester.

TORNANDO-SE UMA GERAÇÃO DE ESTER

Eu o convido a assimilar os cinco rompimentos que Ester experimentou, a fim de seguirmos os passos dela.

1. Reconheça a Realidade

De quem é a realidade com a qual estamos alinhados? Nossa visão de mundo está ligada à visão do Único Deus Verdadeiro? Devemos cessar de ignorar as sirenes que soam à nossa volta, como tantas pessoas tem feito em detrimento de si mesmas. Devemos nos libertar de nossos mecanismos de defesa, de distração e de negação e parar de dizer a nós mesmos que a situação não pode ser tão ruim. Seja contra o que for que nos levantarmos, não chegaremos a nenhum lugar, a menos que fiquemos face a face com a realidade.

Nos púlpitos e nas salas de oração, nos grupos de jovens e nos estudos bíblicos de senhoras, nas faculdades e nas reuniões de oração de pastores, precisamos deixar de ignorar a presença do elefante branco. Não nos fará nenhum bem fechar os olhos, os ouvidos e cobrir nossas cabeças. Nós – VOCÊ – devemos falar alto e em bom tom, frequentemente, honestamente e decisivamente.

2. Clame

Uma vez que chegamos a um acordo com a realidade como ela é, mil coisas concorrerão para atrair a nossa atenção. Seremos tentados a agir à nossa maneira, com nossa própria força. Mas toda vitória na terra é meramente o reflexo de uma vitória já alcançada nos céus. Devemos nos humilhar e buscar o Deus do Céu que diz: "Minha Casa será chamada Casa de Oração". Em vez de planejar jantares, precisamos começar a pensar em jejuns coletivos. Menos especulação e mais súplicas. Menos teorias e mais lágrimas. Se temos orado pelo cancelamento de algum desastre ou nos preparado para enfrentar o sistema do anti-Cristo que está emergindo na terra, uma coisa é certa: devemos orar e não podemos parar.

3. Determinar Nossas Convicções

Ser uma pessoa de forte convicção moral não é muito valorizado em nossa cultura pós-moderna. Mas, através do tempo, somente as pessoas que possuíam profunda convicção é que realizaram alguma coisa.

Quando Ester enfrentou seu momento "ainda que", ela determinou suas convicções e decidiu fazer o que Deus estava pedindo que fizesse. Todos nós chegaremos, cedo ou tarde, a uma linha marcada na areia. Todos nós chegaremos ao nosso momento "ainda que" – o momento em que verdadeiramente nos custará uma tomada de posição e definição do que e em quem nós cremos. Nossas verdadeiras convicções residem naquilo que estamos dispostos a fazer, e não meramente no que estamos dispostos a professar. Então o que sua vida diz sobre você?

4. Ter uma Grande Coragem

É necessário coragem para que você viva um dia típico em sua vida? Se não, você pode não estar aplicando suas convicções. Em nossa geração, a coragem se tornou mais um mito do que uma virtude. Precisamos, como Corpo de Cristo, redescobrir a coragem, que pertence justamente aos filhos de Deus.

Devemos extrair do legado de heróis bíblicos e contemporâneos a inspiração e o empenho para defender com nossas vidas o que é certo, e, se necessário, com nossa morte. Eu tenho filhos pequenos e sempre questiono o nível de segurança no mundo em que eles estão crescendo. Em vez de permitir que essa preocupação me leve a recuar, eu me propus a, todo dia, viver de forma que o mundo que estou deixando para eles seja aquele que deveria ser.

5. Receba Uma Estratégia Divina

Deus realmente tem um plano, Ele está muito ansioso para compartilhá-lo conosco. *"E, se algum de vós tem falta de sabedoria, peça-a a Deus, que a todos dá liberalmente, e o não lança em rosto, e ser-lhe-á dada"* (Tiago 1.5). Nós estamos nos afogando em boas ideias; mas o que realmente necessitamos é das ideias de Deus. Quem jamais imaginou que oferecendo um pequeno jantar reverteria um decreto de morte baixado contra toda uma nação? Mas nós servimos a um Deus que tem prazer em cooperar com Sua criação e usar os elementos naturais em nossas mãos para realizar proezas sobrenaturais.

A maior de todas as estratégias de guerra não é nos concentrarmos no inimigo, mas agradar nosso Rei. Se honrarmos ao Senhor, esperarmos nele em oração e buscar Sua sabedoria, Ele realmente nos dará as estratégias necessárias para implementar e fazer avançar o Seu Reino.

A VIRADA

Eu o encorajo a ler o livro de Ester e permitir que o Espírito Santo (Mordecai) clame em seu coração de uma maneira profunda. O final do livro é realmente a melhor parte dele, e o que mais frequentemente é ignorado. A vitória dos judeus em Susã é legendária e ainda hoje é celebrada por eles.

A Festa de Purim é uma alegre celebração para os judeus, a qual comemora o dia marcado para sua destruição, mas que, em vez disso, causaram uma grande devastação aos seus inimigos, sendo estabelecidos por Deus em paz e triunfo. Durante a observância tradicional de Purim, a cada vez que o nome de Hamã é mencionado, a multidão grita: "V*enahafoch hu!*" que significa: "A mesa foi virada!" Ou: "O oposto aconteceu!" Este costume vivo vem de Ester 9.1b, que diz: "*... no dia em que os inimigos dos judeus esperavam assenhorear-se deles, sucedeu o contrário, porque os judeus foram os que se assenhorearam dos que os odiavam*".

O oposto aconteceu. As mesas foram viradas. Hamã foi pendurado na forca que ele havia construído para Mordecai. Em vez de aniquilação, os judeus prevaleceram. Se há uma lição da história que necessita ser aplicada aos dias modernos é a de Ester. Precisamos mudar o rumo nas nações da terra através da força para a qual fomos criados. Devemos nos tornar uma Geração de Ester. Precisamos ser a resposta as nossas próprias orações.

Hamã foi um indivíduo que quase destruiu uma nação. Ester foi o indivíduo que salvou uma nação. E você é um indivíduo, cuja história ainda não terminou. Você ouvirá o clamor de Mordecai?

Possivelmente o seu momento "ainda que" não será manchete na CNN, mas eu posso assegurar-lhe que o seu Criador e Redentor está ligado em cada movimento seu e está ansiosamente assistindo para vê-lo se tornar tudo para o qual

Ele destinou você.

Não estou dizendo que será fácil. Nem estou garantindo que nossas ações chegarão ao resultado que desejamos. Ester não sabia como as coisas iriam terminar. Nem eu sei também. Tudo o que sei é que, como Ester, todos nós fomos abençoados para um propósito.

Uma menina órfã de Susã respondeu ao Clamor de Mordecai.

Nós responderemos?

UM CHAMADO À AÇÃO

Se este livro cumpriu seu papel, então você deve estar inflamado para agir. Você será movido a fazer alguma coisa nova. Algo relacionado à ação virá das palavras que você leu.

Felizmente, há um crescente número de pessoas em todo o mundo que estão ouvindo o grito de Mordecai e tem sido levados a agir. Pessoas de todos os estilos de vida, com todo tipo de experiência e como você que, a seu modo, fazem a diferença todos os dias no mundo.

Nós do *Eagle's Wings* desejamos nos conectar à você e ser seu parceiro durante esses tempos importantes da história. Por favor, visite o nosso site, *www.eagleswings.to*, e veja algumas das várias formas de se envolver e fazer a diferença em Israel e nas nações. Assegure-se também, por favor, de pegar nosso e-mail e enviar-nos as suas informações para que possamos entrar em contato com você em relação à uma ação coletiva.

Seguem alguns dos vários "passos de ação" que você pode dar para responder ao Grito de Mordecai. Deus está fazendo tantas obras por meio de tantas pessoas nesta hora crítica. Eis a algumas delas:

DIA DE ORAÇÃO PELA PAZ DE JERUSALÉM (DOPPJ)

Agora que você ouviu o grito de Mordecai, ajude a outros a ouvir também! Torne-se um Coordenador do DOPPJ em sua Igreja local, cidade ou região, encorajando crentes em sua esfera de influência a unir-se a milhões de outros no primeiro domingo de cada mês de outubro, para orar pela paz de Jerusalém e por todo o seu povo. Decida-se agora a se tornar uma voz por Jerusalém e Israel em sua região, compartilhando com outros sobre esse movimento mundial e sobre a importância de apoiar Israel hoje. Você pode encontrar mais informações sobre essa iniciativa estratégica de oração visitando o site *www.daytopray.com*.

CENTRO DE ALIMENTAÇÃO PÃO DE ABRAÃO

Some uma ação às suas orações ao fazer algo prático para abençoar o povo de Israel. O Centro de Alimentação Pão de Abraão em Tiberias, Jerusalém, oferece refeições quentes e um sorriso amável a centenas de pessoas. Estes centros servem a qualquer pessoa com necessidade, desde famílias jovens passando por tempos difíceis, idosos sobreviventes do Holocausto, a novos imigrantes retornando de diversas nações para Israel. Faça parte desta ação acessando o site *www.eagleswings.org/abrahams-bread*.

EVENTOS DE CELEBRAÇÃO À ISRAEL

Participe das Noites para Celebrar Israel, eventos noturnos que acontecem todo ano por todo o país para demonstrar o apoio e o amor dos cristãos por Israel. Para saber onde ocorre esse evento em sua região ou para implantá-lo, visite o site *www.eagleswings.org*.

BOLSA DE ESTUDOS UNIVERSITÁRIOS COM EXPERIÊNCIA EM ISRAEL

Se você é (ou conhece) um estudante universitário que deseja seriamente ser treinado e equipado em assuntos atuais sobre o Oriente Médio e como eles afetam seu futuro e o futuro de seu mundo, eu incentivo você a considerar em oração o programa de bolsa de estudos e experiência universitária em Israel. Essa oportunidade única oferece a você uma experiência intensiva de três semanas em Israel que dará aos melhores e mais brilhantes estudantes cristãos um coração instruído em relação a Israel e seu povo. Encontros face a face com líderes governamentais, religiosos e educacionais de diversos grupos de pessoas na nação. Os estudantes do IE são equipados com experiência e conhecimento para ser uma voz em favor de Israel no Campus de suas universidades e em suas áreas de atuação profissional.

Se você não é um estudante universitário, você ainda pode se envolver neste maravilhoso programa ajudando a patrocinar um estudante. Visite nosso site *www.eaglewings.org* ou ligue para o nosso escritório no número *1-800-51-WINGS*.

VIGIAS SOBRE O MURO

Currículo. Torne-se um intercessor informado e uma voz articulada em favor de Israel e do povo judeu participando do Programa de Treinamento de Vigias Sobre o Muro (*Watchmen on The Wall Training Program*). Um currículo amplamente baseado, mas estruturado, escrito por líderes cristãos, com grande variedade de material relevante. Os recursos incluem um Manual dos Vigias (*Watchmen Manual*) que poderia ser chamado de "Cartilha básica sobre Israel", mais três volumes de CDs de treinamento em áudio e com apresentações em *Power Point* para suplementar e fortalecer o conteúdo do manual. Todo o treinamento está disponível online no *www.eagleswings.org/kairos-resource-center*.

Viagens. *Eagle's Wings Watchmen on the Wall Pilgrimages to Israel* (Peregrinações para Israel dos Vigias Sobre o Muro) são as únicas excursões para a Terra Santa. Você não apenas verá o que Deus fez há milhares de anos atrás, mas também será impactado e desafiado pelo que Deus está realizando lá atualmente. Se você também completar a porção do currículo do Programa de Treinamento de Vigias sobre o Muro para participar da peregrinação, você poderá ser pessoalmente comissionado pela cidade de Jerusalém e pelo estado de Israel como um *Watchmen on the Wall* oficial – liberado por autoridades religiosas e governamentais na Terra Santa para ser um intercessor efetivo e um competente palestrante em favor de Israel e seu povo. Para mais informações, visite o site www.eagleswings.org/watchmen-on-the-wall.

Seminário. Realize seminários dos Vigias Sobre o Muro em sua igreja local e desperte pessoas para a realidade que nossa geração está enfrentando. Estes seminários educacionais são um recurso excelente, ministrados por professores excepcionais. Entre em contato com nosso escritório através do *eagleswings.org* para obter mais informações sobre como sua igreja local ou rede local pode realizar um seminário dos Vigias na Muralha em sua região, ou para descobrir onde há um para comparecer.

O Deus que te chama pelo nome é também o Deus de toda criatividade. Ele pode chamar você a agir de forma totalmente diferente, que ainda não foi mencionada acima, mas que é encaixada unicamente a seus dons, sua experiência e sua esfera de influência. Permita ao Espírito Santo, o Grito de Mordecai, entrar em seu espírito e levá-lo a tornar-se a Ester que você foi chamado para ser.

"Quem sabe se você veio para o Reino para um tempo como este."

Shalom,
Robert Stearns.

"... E, a qualquer que muito for dado, muito se lhe pedirá, e ao que muito se lhe confiou, muito mais se lhe pedirá."
(Lucas 12.48b)

Eagles' Wings é uma rede de relacionamentos internacional entre cristãos, igrejas e ministérios que estão comprometidos com o estilo de vida de espiritualidade Bíblica, por meio de louvor e oração, com a unidade do corpo de Cristo e com a restauração de Israel.

Nossa equipe é formada por 60 funcionários em tempo integral sob a liderança de um conselho consultivo, tendo Robert Stearns como Diretor Executivo. *Eagles' Wings* já ministrou em mais de 30 países e mantém um ministério ativo e contínuo em Honduras e Israel.

PO Box 450
Clarence, NY 14031
Tel: 716-759-1058
Fax: 716-759-0731

Visite nossos Websites:
www.eagleswings.org
www.daytopray.com